企业研发部全程运作一本通

研发部作业指导手册

◎ 涂高发 编著

★清晰的管理体系 ★实用的管理工具
★系统的部门手册 ★可视的系统工具

SPM
南方出版传媒
广东经济出版社
·广州·

图书在版编目（CIP）数据

企业研发部全程运作一本通：研发部作业指导手册/涂高发编著．—广州：广东经济出版社，2017.3
ISBN 978-7-5454-5167-2

Ⅰ．①企… Ⅱ．①涂… Ⅲ．①企业管理—产品开发—手册Ⅳ．①F273.6—62

中国版本图书馆CIP数据核字（2016）第317953号

出 版 人：姚丹林
责任编辑：李惠玉
责任技编：谢 莹

出版发行	广东经济出版社（广州市环市东路水荫路11号11～12楼）
经销	全国新华书店
印刷	茂名广发印刷有限公司 （茂名市计星路60号大院）
开本	787毫米×1092毫米 1/16
印张	11 1插页
字数	172 000字
版次	2017年3月第1版
印次	2017年3月第1次
书号	ISBN 978-7-5454-5167-2
定价	26.00元

如发现印装质量问题，影响阅读，请与承印厂联系调换。
发行部地址：广州市环市东路水荫路11号11楼
电话：（020）38306055 37601950 邮政编码：510075
邮购地址：广州市环市东路水荫路11号11楼
电话：（020）37601980 营销网址：http://www.gebook.com
广东经济出版社新浪官方微博：http://e.weibo.com/gebook
广东经济出版社常年法律顾问：何剑桥律师

前　言

工厂管理，就是一个制造场所，导入各种有效的生产资源，通过计划、组织、用人、指导、控制等活动，使工厂所有部门，如期达成预定的管理目标。管理目标的顺利实施和完成，需要各部门的通力合作和各部门各项工作的有效运作才能实现，如何明确本部门的各项职责并能使之有效地发挥作用，这就是目前摆在各部门经理和负责人面前的主要工作。

由于我国制造业的特色仍以劳动密集型为主，管理人员的整体素质仍然不能达到发达国家管理人员的水平，同时高强度的工作、低廉的工资无暇使他们去脱产学习和进修，那么就必须提供一些完善、成熟的管理范本供他们参考，以解决他们所需的知识。

“制造业部门作业指导手册”系列丛书就是基于以上原则，通过部门分类，采用层级设置，由部门所在位置展开，明确部门和岗位职责，规划部门作业流程，建立部门管理制度，辅以部门支持性文件(表单)，是一套部门管理人员、操作文员的实用工具书。

本书特色：

◇ **清晰的管理体系**：丛书参照全球通用的ISO9001：2008质量管理体系框架进行层级设置，分五个层级讲述，一级文件部门设置，二级文件岗位职责，三级文件作业流程，四级文件作业文本，五级文件作业表单。

◇ **实用的管理工具**：每本图书针对本部门所需要的、常用的管理工具进行了分类设置，便于使用者查询，同时抛弃了传统的文件格式，采用企业运行过程中使用的标准管理格式进行编制，使用者局部修改即可使用。

◇ **系统的部门手册**：丛书基本涵盖了工厂的各个职能部门，针对行政、人事、培训、研发、生产、品质、采购、仓储、物控、市场、销售及售后服务等各部门工作都给出了详细的规范化的工具，并使用职责、制度与表格相结合，流程与方案相呼应的方式，是部门进行规范化管理的工作手册。

◇ **可视的系统光盘：**本套丛书配有系统光盘，把部门已经固化了的也是最常用的部门岗位职责、管理流程、管理制度、管理表格精选出来，供使用者阅读、检索、打印。

本套丛书共十二本，主要以部门架构为脉络组成，涵盖企业的多个部门：销售部、市场部、研发部、生产部、品质部、采购部、物控部、仓储部、售后服务部、人力资源部、行政部、培训部。

在本套丛书的编辑整理过程中，获得了许多朋友的帮助，其中参与编写和提供资料的有史立宣、刘创景、刘建伟、谷祥盛、李政、李亮、陈锦红、姜宏峰、杨吉华、严凡高、王能、陈小兵、杨丽、吴定兵、段水华、朱少军、李冰冰、赵建学、江美亮、唐永生，在此对他们一并表示感谢！

目 录

第一章 研发部组织设置

第二章 研发部岗位职责

第三章 研发部作业流程

第四章　研发部作业文本

第五章　研发部作业表单

第一章

研发部组织设置

一、了解研发部所处的位置

现代企业竞争力的核心是企业的自主创新能力，研发部是生产制造企业开展创新活动的主要平台，也是生产制造企业自主创新能力建设的关键环节。

随着生产制造企业对研发工作重视程度的不断加强，大多数生产制造企业都相继设立了研发部。由于生产制造企业的发展规模与所处发展阶段的不同，其研发部的组织管理形式也不同。

通常，企业中研发部所处的位置如下图所示。

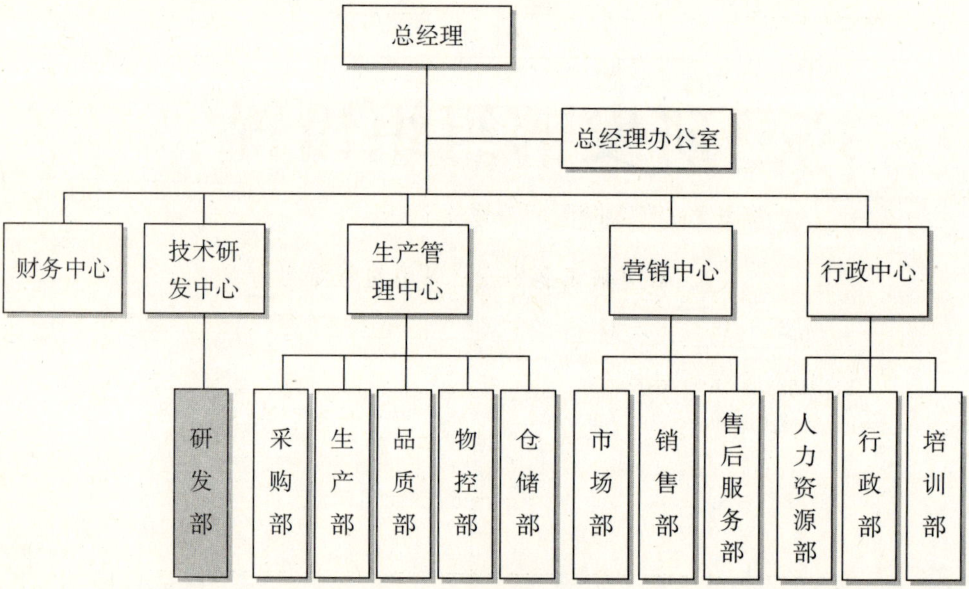

企业组织结构图

对于小型或成立不久的企业而言，因为此阶段事简人少，生产数量及利润有限，若其经营活动以技术为重，研发部则直接隶属于生产部或总经理，其结构如下页图所示。

1. 研发部隶属于生产部

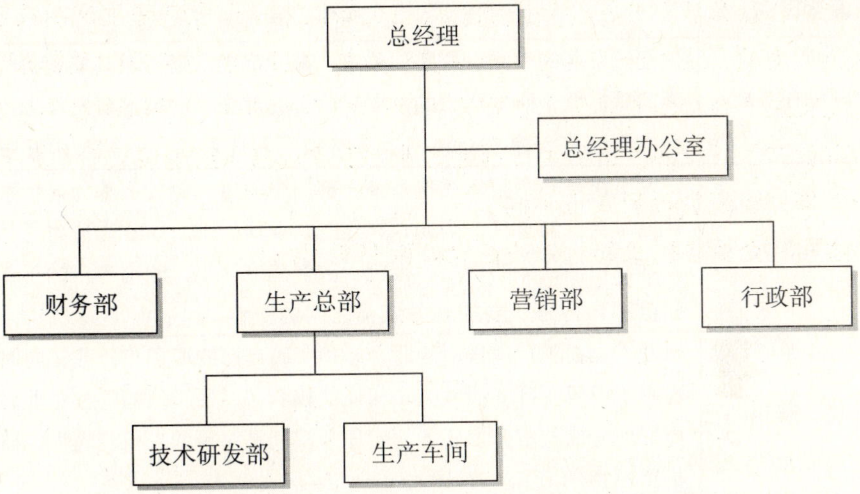

备注：生产技术部与研发部合并。

研发部隶属于生产部的组织结构图

2. 研发部录属于总经理

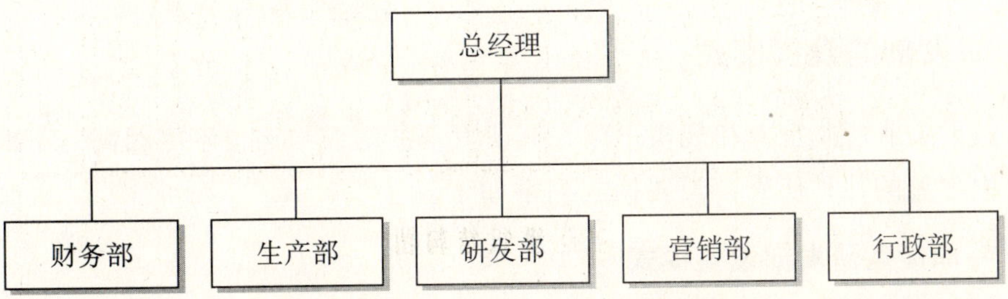

研发部隶属于总经理的组织结构图

二、研发部的设置原则

生产制造企业在进行研发部设计时，除了要考虑企业自身的主导业务流程之外，还要考虑企业自身的特点及各种外部条件，要使研发部各部门在具有较大独立性的同时，保持较高的凝聚度。但无论如何设置，都必须遵循以下几个原则。

研发部设置原则

设置原则	具体内容
目标任务	企业研发部的建立、调整、增加、减少都应以是否对其实现目标有利为衡量标准。研发组织的建立是为了完成企业的技术研发任务，因而研发部应有与企业总体发展战略和经营计划相一致的技术开发目标
分工协作	研发工作是一个整体运作系统，部门中的每一位成员都为这个系统的目标尽自己的责任。因此，在建立企业研发部时，首先应将总体任务分解，根据任务的性质、范围、数量确定分工，明确各自的工作内容和范围；另外，要加强各成员之间的协作
责、权、利相结合	研发人员在履行销售职能时，必须明确自己的职责和任务，同时企业也应给予研发部和研发人员相应的权利，以便于他们能按企业政策去更好地完成技术开发任务。责任与权利是对等的，权利越大，研发人员所承担的责任也就越大
精干、高效	企业建立研发部时，应根据市场与企业的实情，包括目标市场、客户类型、技术难度、时间要求以及技术工作能力，确定合理规模和结构。使研发人员始终处于有效的工作状态，各尽其责，不要人浮于事；同时注意，精干不等于精简，要保证企业有充分的研发能力，以技术创新占领市场，满足市场变动情况的需要，提升企业竞争力

三、研发部的设置模式

由于企业所属行业和规模不同，其研发部的组织结构也不尽相同。下面将企业中常见的几种研发部设置模式列举如下。

1. 职能型研发部设置模式

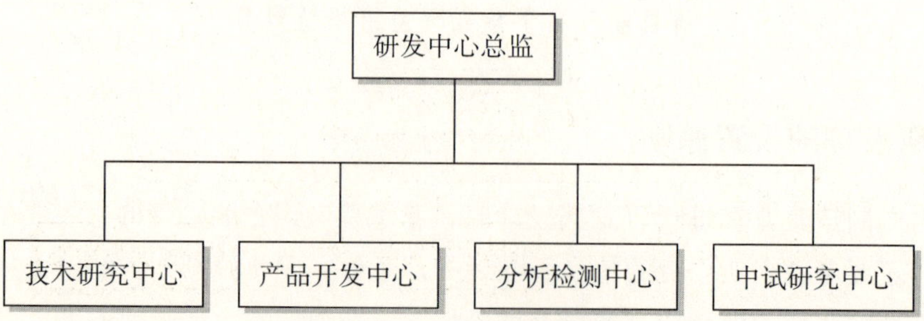

职能型研发部组织结构图

说明：若生产制造企业研发中心的研发对象比较单一，可将性质相似的工作项目划分到同一部门中去。例如，将实验、测试等工作进行统一整合组成分析测试中心，将所有与技术研究相关的工作划到技术研究中心。

2. 产品型研发部设置模式

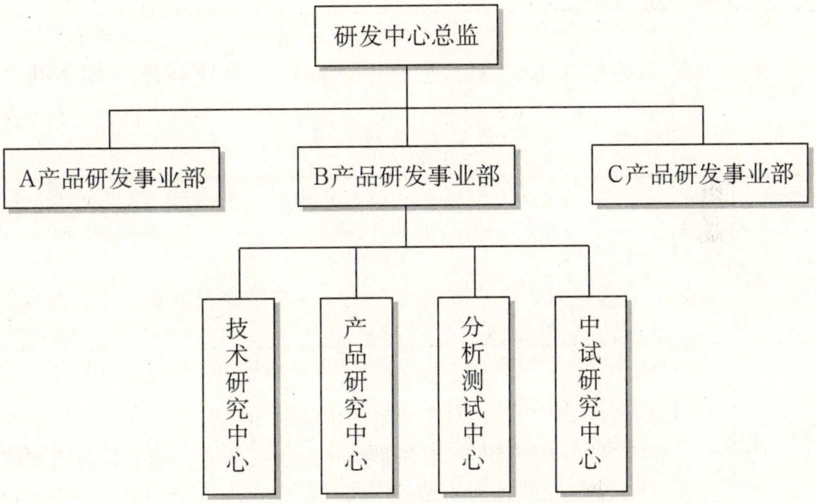

产品型研发部组织结构图

说明：如果一个生产制造企业的产品品种较多，又不具有共性，可以围绕其主要产品来设置研发中心的组织机构，即按照所研发的产品种类设置相应的研发事业部，各个研发事业部按照企业相关制度的规定独立开展研发工作，各产品研发事业部经理直接对企业研发中心总监负责。

3. 地域型研发部设置模式

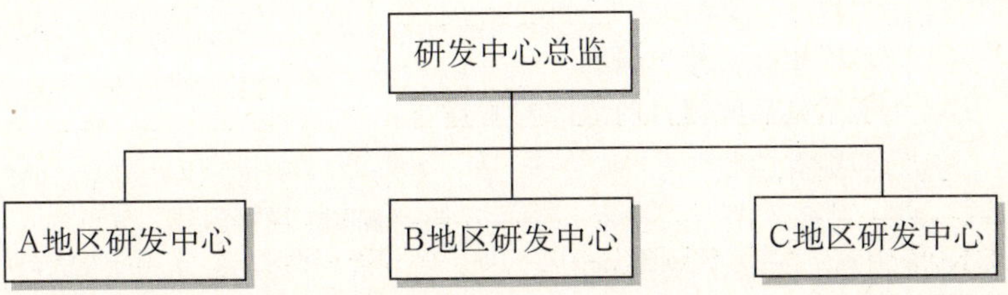

地域型研发部组织结构图

说明：生产制造企业可以参照企业的总体战略、资金以及技术等因素，将研发部设立在不同的地域。各地的研发部可以根据自身的具体情况设置不同的组织结构，并独立地开展产品研发和技术设计工作。

四、研发部的职责权限

研发部的主要职责是保证企业生产的正常运作，具体表现在如下几个方面：

研发部职责权限

责权类别	具体内容
研发部职能	1.技术支持 研发中心通过对本行业国内外先进技术的研究及创新，不仅能为企业高层进行战略决策提供技术支持，同时也为企业产品开发、生产等部门提供技术保障 2.产品开发 企业研发部担负着生产制造企业提升市场竞争力、创造经济增加值的重要使命，产品开发是其核心职能 3.生产服务 研发中心通过进行产品开发与测试、设计产品生产所需的工艺工装以及生产技术等工作，为企业生产过程提供服务和支持
研发部职责	1.自有新产品（包括产品升级）构思设计 (1)行业需求研究 (2)产品规划与构思 (3)产品项目的跟踪与监督 (4)产品开发验收及测试 (5)对产品部进行新产品使用、功能介绍及培训 2.基础技术研究 (1)技术发展研究 (2)应用技术构思研究 (3)基础研究项目的跟踪与监督 (4)组织验收 3.对产品项目与技术开发项目进行跨部门的项目管理 4.部门技术资料管理 5.协助项目部进行售前工程师技术培训 6.完成总经理办公室指派的其他任务

（续表）

责权类别	具体内容
研发部权力	(1)代表企业对客户提出的技术要求进行评估的权力 (2)对企业工程图纸换代作废换新进行确认的权力 (3)新产品在车间试产中拥有监督权 (4)对本部门员工的调动、奖惩、晋级、工作任务的重新分配有建议权

五、研发部的工作流程

企业研发部的最终目的就是确保企业生产正常进行。为达到此目的，除设置的组织架构外，还需要建立与企业的性质相一致的物控管理流程。以下是某生产制造企业的研发部门的工作流程，以供参考借鉴。

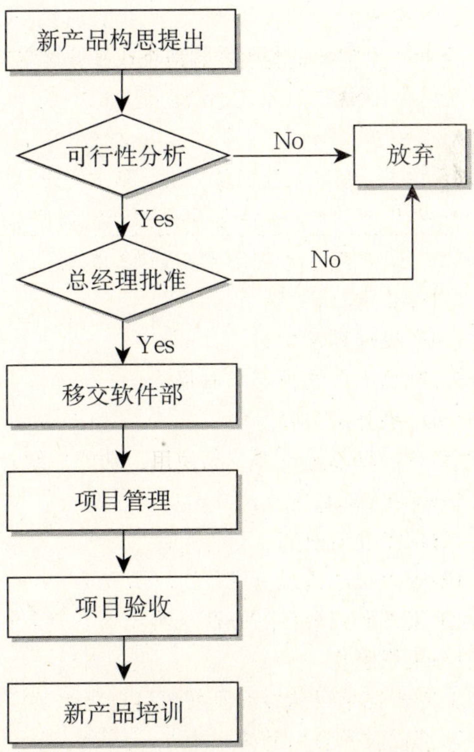

研发部工作流程

第二章

研发部岗位职责

一、研发部职位设置

生产制造企业研发部在进行内部职位设置时，应以“精干、高效、合理”为原则，根据研发部各职能划分和研发工作量的大小进行职位设置和人员的配备。企业在对研发部进行职位设置及人员配备的过程中，可以根据企业自身的实际情况采取“一人多岗”或“一岗多人”的设置方案，将相关职位按照其职能进行分解或合并。

下面给出的是一家生产制造企业研发部的职位设置及人员配备情况，供相关人员参考，具体内容如下表所示。

××企业研发部职位设置及人员配备状况

部门	职位编号	职位名称	配备人数
研发部	M-01	研发部总监	1人
	M-02	研发部经理	1人
			总计人数：2人
技术研究部	A-01	技术研究部主任	1人
	A-02	技术研究员	3人
	A-03	资料员	1人
			总计人数：5人
产品开发部	B-01	产品开发部主任	1人
	B-02	产品设计人员	3人
	B-03	产品开发人员	4人
			总计人数：8人
分析测试部	C-01	分析测试中心主任	1人
	C-02	检测人员	2人
	C-03	实验人员	2人
	C-04	分析人员	2人
			总计人数：7人

（续表）

部门	职位编号	职位名称	配备人数
中试研究中心	D-01	中试研究中心主任	1人
	D-02	工艺工装设计人员	2人
	D-03	生产试制人员	5人
	D-04	中试分析人员	3人
			总计人数：11人

二、研发部岗位说明

岗位说明包括岗位职责及任职条件两个方面。

1. 岗位职责

岗位职责描述一	岗位职责用来规定某一具体岗位承担者必须完成的任务及胜任这一岗位所需要的能力和经验等
岗位职责描述二	不同规模和类型的企业，岗位职责差异较大。制定岗位职责时要做到量体裁衣，适合本企业工作的具体需要。岗位职责要随着工作任务的改变及时得到修订
岗位职责描述三	每个岗位都要有本岗位职责说明书，使员工在接受这一岗位工作时明晰自己的责任、任务、权利和承担这项工作应具备的条件。岗位职责说明书也是管理者评估各岗位工作的具体标准

岗位职责描述

2. 任职条件

任职条件是用来规定胜任某一岗位或职务所需要的能力要求。它一般包括以下几项内容：

基本素质	主要规定胜任某岗位的基本素质要求
文化程度	在企业中任职，一般要求文化程度为高中以上，不同的级别有不同的文化程度要求
语言文字能力	根据岗位要求，确定语言种类及熟练程度，并对文字表达能力提出明确的要求
专业知识	不同的岗位应有不同标准的专业知识和技能要求
工作经验或经历	根据岗位职责要求，明确规定所需工作经验和经历的具体年限
其他要求	根据岗位不同、职务不同，要求任职员工具备除上述五项必备能力之外的附加能力，如：熟知政策法规知识、通晓管理知识、有组织协调能力、有决策能力、有社会活动能力、有营销能力等

任职条件描述

3. 研发部各岗位职责及任职条件范本

研发部总监岗位职责及任职条件

<table>
<tr><td rowspan="2">职位名称</td><td rowspan="2">研发部总监</td><td>直接上级</td><td>企业总经理或分管研发的副总经理</td></tr>
<tr><td>直接下级</td><td>研发部经理</td></tr>
<tr><td colspan="4">(一)岗位职责</td></tr>
<tr><td colspan="4">1.工作内容
(1)根据生产制造企业总体战略、发展规划的要求，制定研发中心的研发方针目标确定研发中心年度、季度、月度研发计划，并组织实施
(2)负责研发中心各项制度、规划的建设工作
(3)负责研发中心各项工作的实施控制，并对其负有领导责任
(4)负责与政府相关部门接洽科研课题的立项工作
(5)负责研发部的各项费用预算的审批工作
(6)负责组织构建稳定、高效的研发团队，并对其进行有效管理
2.责任范围
(1)根据企业总经理要求负责研发部全面技术管理工作
(2)负责整个企业技术研发各阶段的推进工作</td></tr>
</table>

（续表）

3.权力范围 (1)对研发部各项工作的审核、监督权 (2)对研发部各下属部门主任有任免提名权 (3)对研发部所有人员的工作业绩拥有考核权 (4)在财务制度允许的范围内拥有费用支出和报销的权力，如聘请技术顾问、召开技术研讨会等 (5)在企业规章制度允许的范围内有权决定研发部的利益分配，并根据研发部每个成员的工作表现进行奖惩
(二)任职条件
1.基本条件 (1)硕士及以上学历，五年以上研发工作经验 (2)良好的组织能力。研发部的各项工作都需要有周密的计划，需要认真地组织 2.专业要求 (1)工业设计、电子应用技术、新产品开发、产品研制、质量管理、企业管理及其相关知识 (2)掌握国内外最新技术发展动向，熟悉产品开发测试工作流程，了解企业生产作业流程

研发部经理岗位职责及任职条件

职位名称	研发部经理	直接上级	企业研发中心总监
		直接下级	研发中心主任
(一)岗位职责			
1.工作内容 (1)协助制定各项规章制度。协助研发中心总监完成各项规章制度的制定，协助总监做好各项研发战略及年度研发工作计划 (2)组织技术论证与交流。负责跟踪和掌握国际、国内同类技术发展趋势，组织研发中心内部技术论证会；组织企业内部与外部的技术协作与技术交流活动，寻求技术合作伙伴 (3)产品开发可行性论证。参与新产品开发的可行性论证，对新产品开发过程实施监督、控制，确保新产品开发工作顺利进行 (4)产品测试标准的建立。组织相关部门制定原材料、产品测试检验标准，确保分析测试工作顺利进行			

（续表）

(4)产品测试标准的建立。组织相关部门制定原材料、产品测试检验标准，确保分析测试工作顺利进行 (5)中试过程管理。负责监督、指导中试研究流程的建立及运行，推进新产品市场化，保证产品质量，确保产品生产工艺及生产流程符合大规模生产的需要 (6)员工管理。负责本部门员工的配备和选拔，组织本部门员工定期或不定期进行技术研发培训，提升部门人员技术水平 **2.责任范围** (1)根据研发总监的要求，具体落实各项研发工作计划，负责组织研发中心的日常管理工作 (2)推进技术研究、产品开发、分析测试、中试研究等工作的开展，确保企业技术研究、产品开发目标的实现 **3.权力范围** (1)对本部门员工的调动权 (2)对下属员工工作的检查权 (3)对本部门员工的考核权 (4)对主任以下级别员工的处分决定权 (5)对主任以下级别员工的升职批准权
(二)任职条件
1.基本条件 (1)硕士及以上学历，5年以上研发工作经验 (2)良好的组织协调能力。因为研发部的各项工作都需要有周密的计划，需要认真地组织协调 **2.专业要求** (1)工业设计、电子应用技术、新产品开发、产品研制、质量管理、企业管理及其相关知识 (2)掌握国内外最新技术发展动向，熟悉产品开发测试工作流程，了解企业生产作业流程

技术研究中心主任职责及任职条件

<table>
<tr><td rowspan="2">职位名称</td><td rowspan="2">技术研究中心主任</td><td>直接上级</td><td>研发部经理</td></tr>
<tr><td>直接下级</td><td>技术研究员</td></tr>
<tr><td colspan="4">(一)岗位职责</td></tr>
<tr><td colspan="4">1.工作内容
(1)技术研究方案的确定。根据企业总体研发工作计划的要求，制定技术研究方案，并负责对技术研究方案的实施进行监督、管理
(2)技术资料的收集。利用各种有效途径，指导技术研究中心工作人员对国内外技术研究情况及相关资料进行收集、分类、汇总，择其有价值的资料向企业领导上报
(3)技术理论与实践研究。按照技术研究方案的要求，根据收集的技术资料，通过一定的技术研究路线实施本行业的技术理论与实践研究，并把研究结果上报相关领导
(4)技术档案资料的管理。对技术档案资料归档进行监督管理，确保技术资料的保密性、正确性及完整性
(5)技术支持。向研发中心各机构、生产部、质量管理部等部门提供技术咨询和相关技术数据，保证产品生产活动顺利进行
(6)技术研究会议的组织。根据企业发展及技术研究的需要，定期或不定期组织同行业技术研究会议，确保企业技术研究水平领先于同行企业
2.责任范围
(1)通过对国内外最新技术发展的研究，确定本企业技术研究方向
(2)利用技术研究成果推进产品开发及生产技术升级，提升企业总体技术水平
3.权力范围
(1)对本中心员工的调动权
(2)对下属员工工作的调查权</td></tr>
<tr><td colspan="4">(二)任职条件</td></tr>
<tr><td colspan="4">1.基本条件
(1)具有大学本科以上学历，3年以上从事产品研发工作经验
(2)能吃苦耐劳，并具有高度的工作责任心
(3)工作严谨、敬业，性格温和，为人随和
(4)精力充沛，能承受较大的工作压力
2.专业要求
(1)工业设计、电子应用技术、生产技术管理、数据管理等专业知识
(2)熟悉国内外本行业技术发展现状及发展方向
(3)掌握技术研究的路径与方法，了解本企业的生产研发作业流程</td></tr>
</table>

产品开发中心主任岗位职责及任职条件

<table>
<tr><td rowspan="2">职位名称</td><td rowspan="2">产品研发中心主任</td><td>直接上级</td><td>研发经理</td></tr>
<tr><td>直接下级</td><td>产品开发员</td></tr>
<tr><td colspan="4">(一)岗位职责</td></tr>
<tr><td colspan="4">1.工作内容
(1)产品开发方案的制定。根据企业总体研发工作计划的要求，结合企业市场战略，制定产品开发方案，并负责对该方案的实施进行监督、控制
(2)组织新产品立项论证。负责组织相关部门进行新产品开发立项调研、方案论证，并对开发项目进行分工
(3)产品开发过程控制。按照企业相关制度的规定，对整个产品开发过程进行监督、控制，确保产品开发过程符合技术质量要求，并且对产品研发过程进行组织协调
(4)组织新产品鉴定工作。负责组织新产品鉴定和专利、产品认证的申报工作
(5)产品技术标准的制定。负责组织相关部门，统筹、规划、编制产品的有关标准并组织具体实施
(6)产品开发进度控制。负责对产品开发的进度进行合理控制，按时、保质、保量地完成产品开发任务
2.责任范围
(1)负责企业新产品开发、产品改进的具体组织实施及产品技术标准的制定工作
(2)确保企业产品开发满足市场需求
3.权力范围
(1)对本中心员工的调动权
(2)对下属员工工作的调查权</td></tr>
<tr><td colspan="4">(二)任职条件</td></tr>
<tr><td colspan="4">1.基本条件
(1)具有大学本科以上学历，同时具备5年以上产品开发经验
(2)具有高度的工作责任心，做事认真并讲究原则
2.专业要求
(1)工业设计、电子应用技术、新产品开发、产品研制、质量管理、企业管理及相关专业
(2)熟悉国内外同类产品的最新开发动态
(3)掌握新产品开发的方式方法，了解企业新产品开发及生产作业流程</td></tr>
</table>

分析测试中心主任岗位职责及任职条件

<table>
<tr><td rowspan="2">职位名称</td><td rowspan="2">分析测试中心主任</td><td>直接上级</td><td>研发经理</td></tr>
<tr><td>直接下级</td><td>分析测试员</td></tr>
<tr><td colspan="4">(一)岗位职责</td></tr>
<tr><td colspan="4">**1.工作内容**
(1)分析检测计划的制订。根据企业总体研发工作计划的要求，制订具体的分析检测计划，并负责具体的执行、监督和控制
(2)检测标准的制定。负责组织相关部门人员对原材料、产品检测各环节进行系统分析，制定检测标准
(3)分析检测过程控制。负责对原材料、产品检测过程进行控制，确保实验、检测及分析过程符合程序要求，分析检测数据结果准确无误
(4)检测报告的管理。负责组织检测人员完成检测报告的编写，并对检测数据进行核实，做到检测结果和检测报告准确无误；组织相关人员对检测报告进行分类、归档处理
(5)检测仪器的管理。负责组织相关人员对试验检测使用的计量器具、仪器进行管理，并负责设备的计量、校准的管理工作及标准物质的管理工作；组织有关人员做好仪器设备的计量、校准档案
(6)分析测试人员的培训。定期或不定期组织分析测试中心人员进行培训学习，贯彻企业有关产品质量管理的各项方针
2.责任范围
(1)通过对原材料、产品进行实验或测试，对其质量或性能作出判断
(2)确保企业产品质量和性能的稳定，提高企业产品在市场上的信誉度
3.权力范围
(1)对本中心员工的调动权
(2)对下属员工工作的调查权</td></tr>
<tr><td colspan="4">(二)任职条件</td></tr>
<tr><td colspan="4">**1.基本条件**
(1)具有大学本科以上学历，同时具备5年以上相关工作经验
(2)具有高度的工作责任心，同时具有一定的计算及分析能力
2.专业要求
(1)工业设计、电子应用技术、生产技术管理、产品测试、化学实验等专业知识
(2)具有较高的英语、计算机水平
(3)掌握本行业相关测试标准，熟悉测试的基本理论和基本流程，对产品研发及生产作业流程有一定的了解</td></tr>
</table>

中试研究中心主任岗位职责及任职条件

职位名称	中试研究中心主任	直接上级	研发经理
		直接下级	中试研究员

(一)岗位职责

1.工作内容

(1)中试研究方案的制定。根据企业总体研发工作计划的要求，制定具体的中试研究方案，并负责具体执行、监督和控制

(2)组织制定生产工艺及生产流程规范。组织生产、研发及技术人员在中试研究中心内对新产品生产作业流程及生产工艺进行研究、探讨，确定规范化的生产工艺与生产作业流程

(3)组织制定产品质量规范。组织质量管理、研发及技术人员在中试研究中心内对产品质量管理进行分析，参考国内外同类产品质量管理标准，制定品质量规范

(4)组织产品生产设备的开发。负责组织生产、研发及技术人员对大批量生产产品所需要的生产设备进行开发，保证生产的顺利开展

(5)中试研究的组织管理。负责对中试研究中产品测试、工艺设计、物料技术认证、生产专用设备开发、批量试制验证等相关环节进行系统控制，保证中试效果

(6)组织与生产相关人员培训。组织相关人员进行生产、质量检验培训，确保新产品大批量生产作业流程顺利开展

2.责任范围

(1)在研发中心经理的领导下，通过中试研究工作，为产品早日实现市场化提供必要支持

(2)为产品生产提供人员培训，以提高产品的市场竞争力

3.权力范围

(1)对本中心员工的调动权

(2)对下属员工工作的调查权

(二)任职条件

1.基本条件

(1)具有大学本科以上学历，同时具备5年以上相关工作经验

(2)工作认真负责，勤奋踏实，能吃苦耐劳

(3)具有文字表达能力和口头表达能力以及沟通、协调能力

2.专业要求

(1)了解生产与作业管理、质量管理、设备管理、成本控制管理等相关专业

(2)了解企业全面质量管理相关知识

(3)熟悉国内外技术发展水平和趋势，掌握企业生产作业及产品研发工作程序

第三章

研发部作业流程

第一节　产品设计开发管理

一、产品设计规划流程

（一）新产品设计开发基本流程

流程图	流程详述
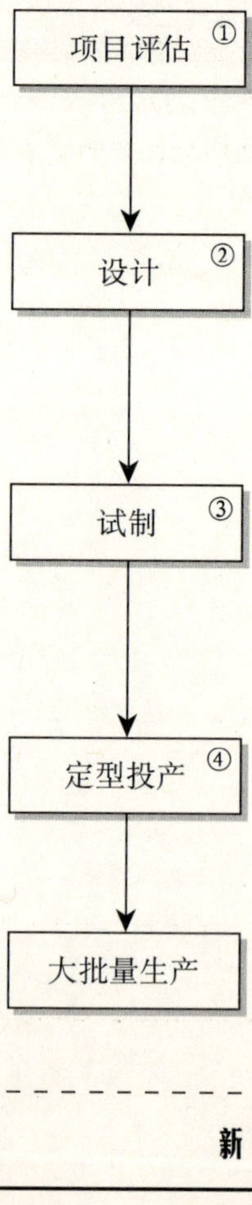	①即对市场需求、技术发展、生产能力、经济效益等进行可行性研究及必要的评估，作出开发决策 ②即通过设计、计算及必要的试验，完成全部产品图样和设计文件 ③即通过产品的试制与试验，验证产品图样、设计文件和工艺文件、工装图样的正确性，产品的适用性和可靠性，并完成产品鉴定 ④即将工艺、工艺装备定型，并使之具备投产条件

新产品设计开发基本流程图

（二）产品开发决策流程

流程图	流程详述
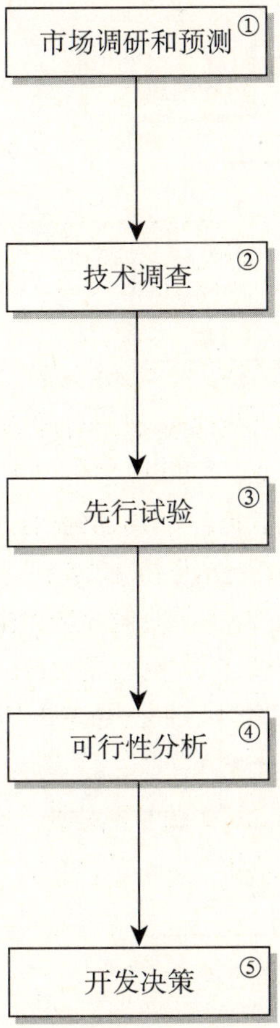	①应在这一过程中，寻求新产品开发的方向和目标、提出新产品市场预测报告 ②通过调查、分析、对比，写出技术调研报告 ③根据先行试验大纲进行先行试验，并写出先行试验报告 ④进行产品设计、生产的可行性分析，并写出可行性分析报告 ⑤对可行性分析报告等文件进行评审的基础上作出开发与否的决策

产品开发决策流程图

（三）产品设计规划工作流程

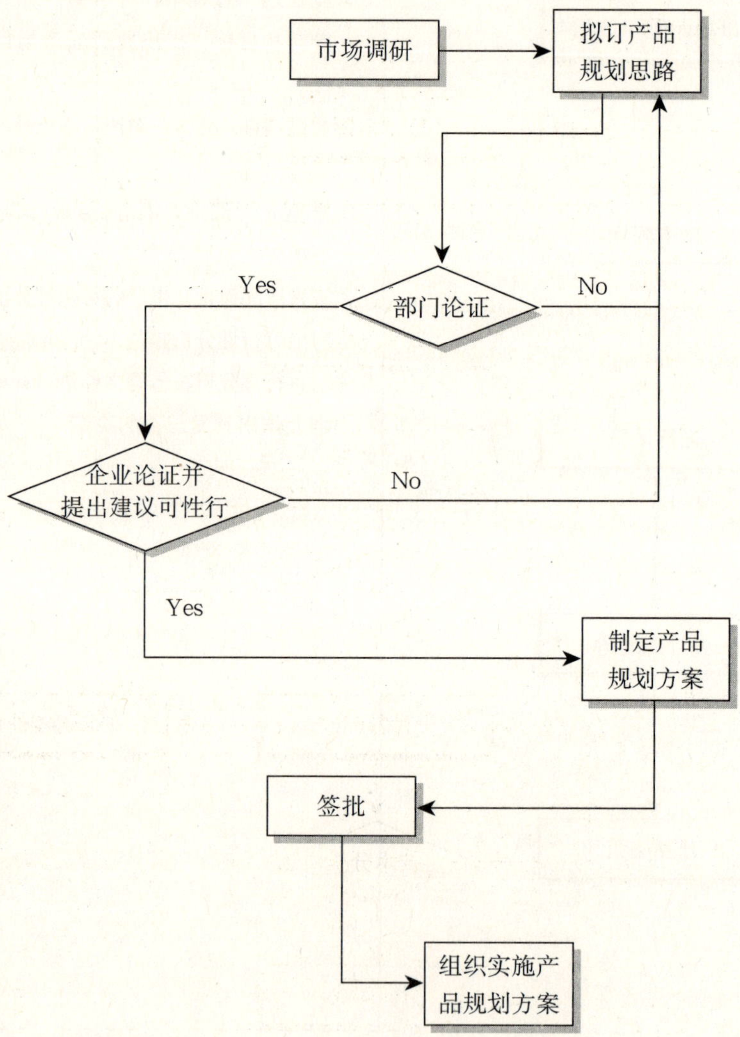

产品设计规划工作流程图

(四)产品开发设计流程

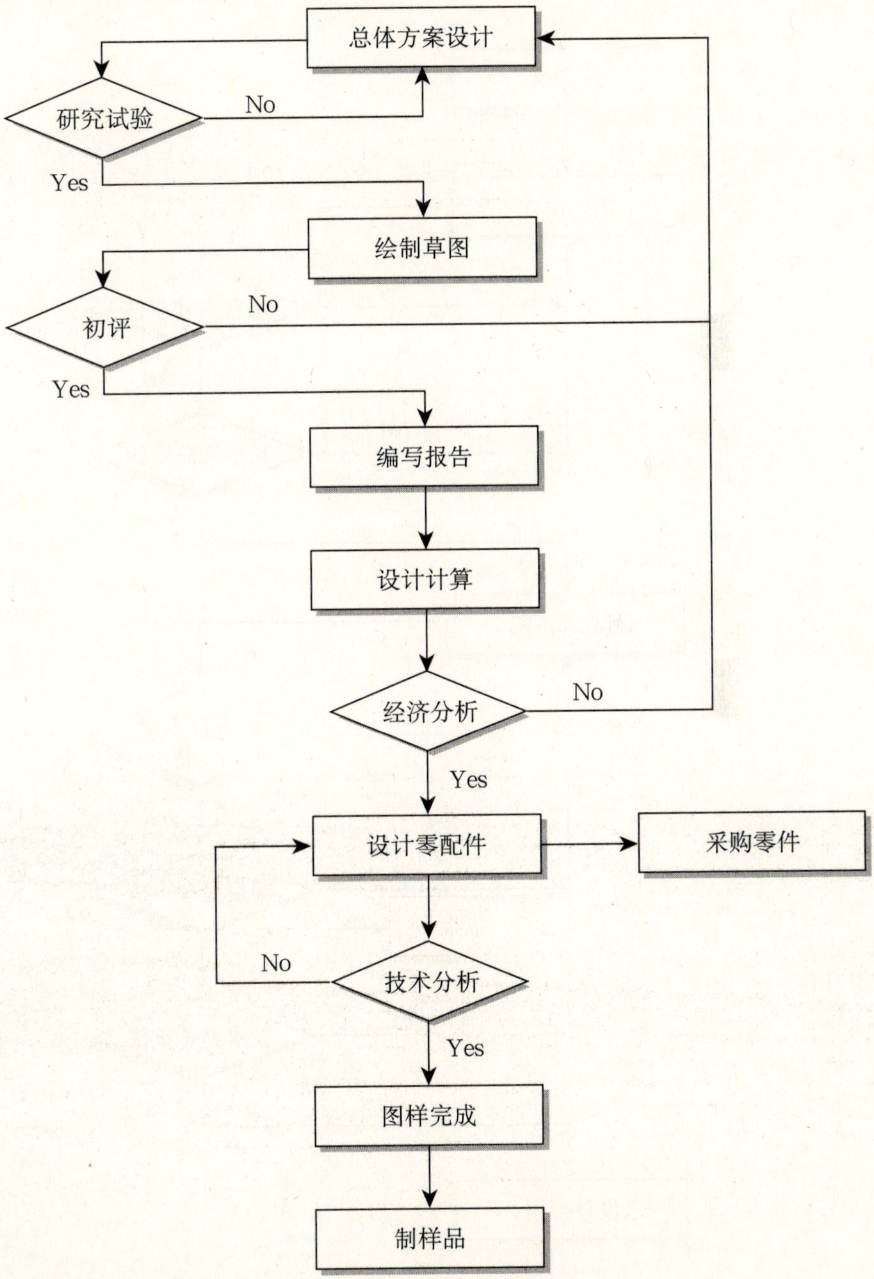

产品开发设计流程图

（五）产品零部件设计工作流程

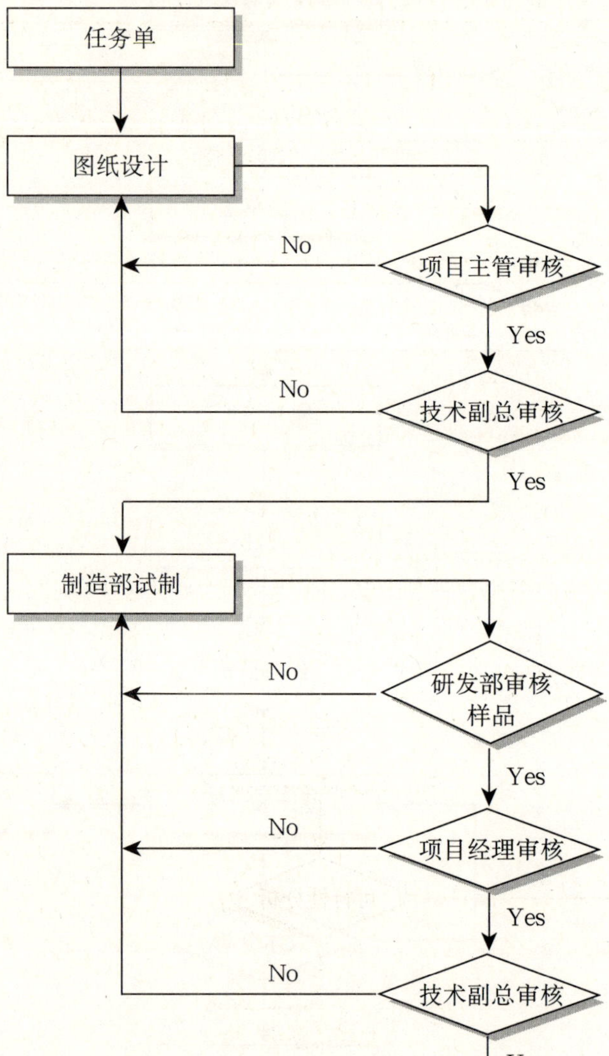

产品零部件设计工作流程图

二、产品开发流程

（一）新产品开发立项流程

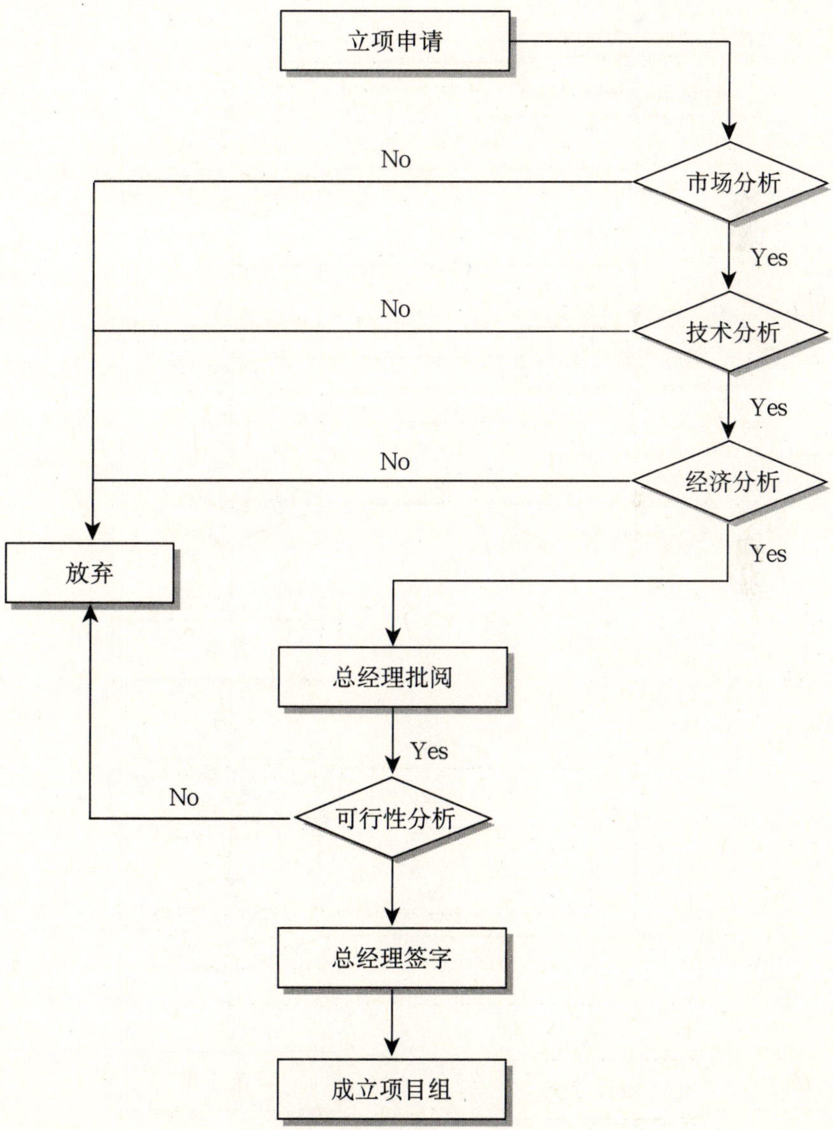

新产品开发立项流程图

（二）新产品开发作业流程

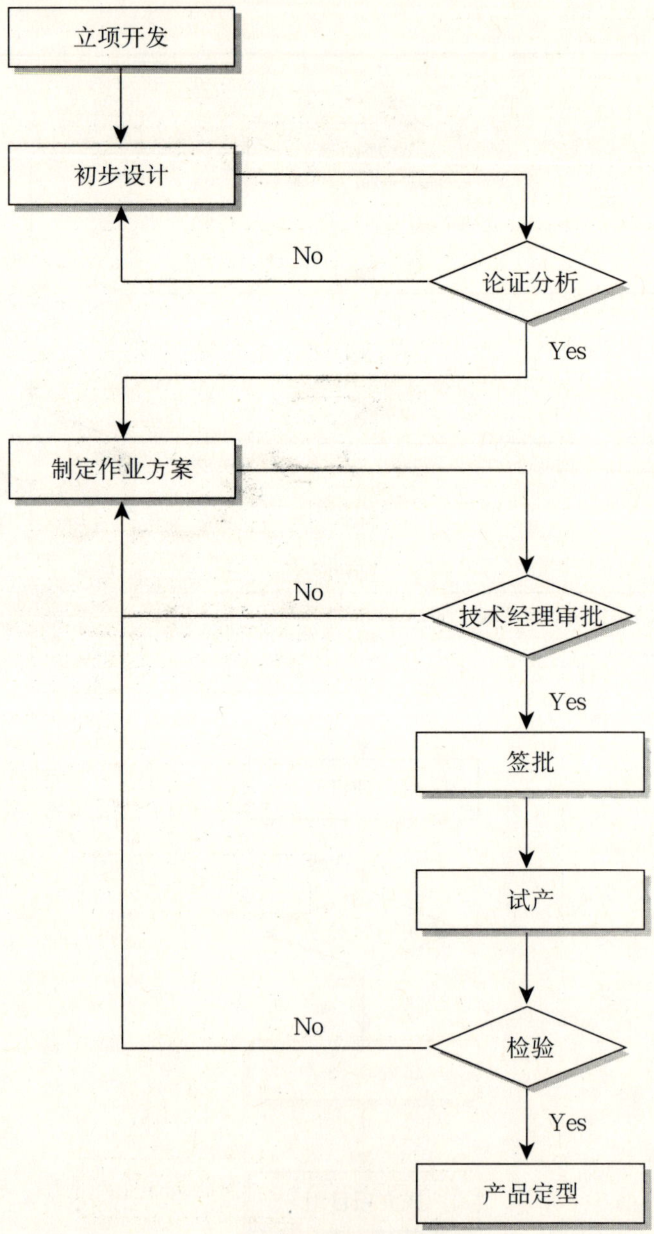

新产品开发作业流程图

（三）样品确认作业流程

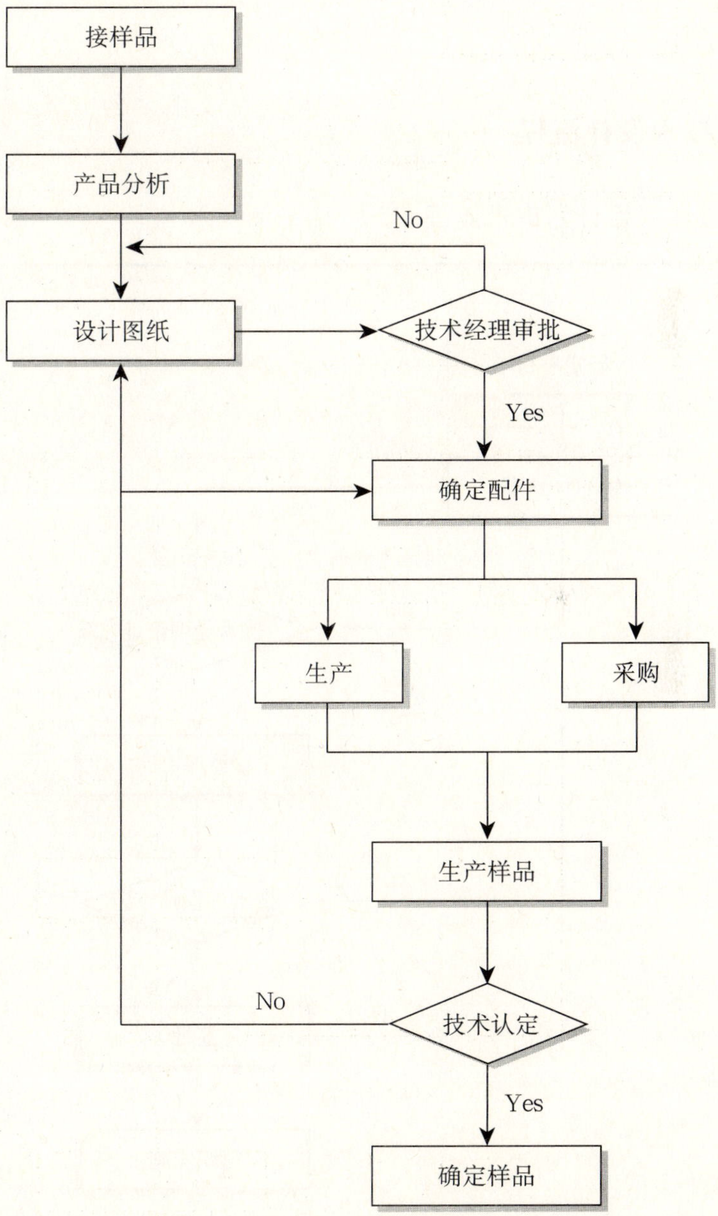

样品确认作业流程图

第二节　产品技术研究管理

一、产品技术设计流程

（一）技改项目计划审批流程

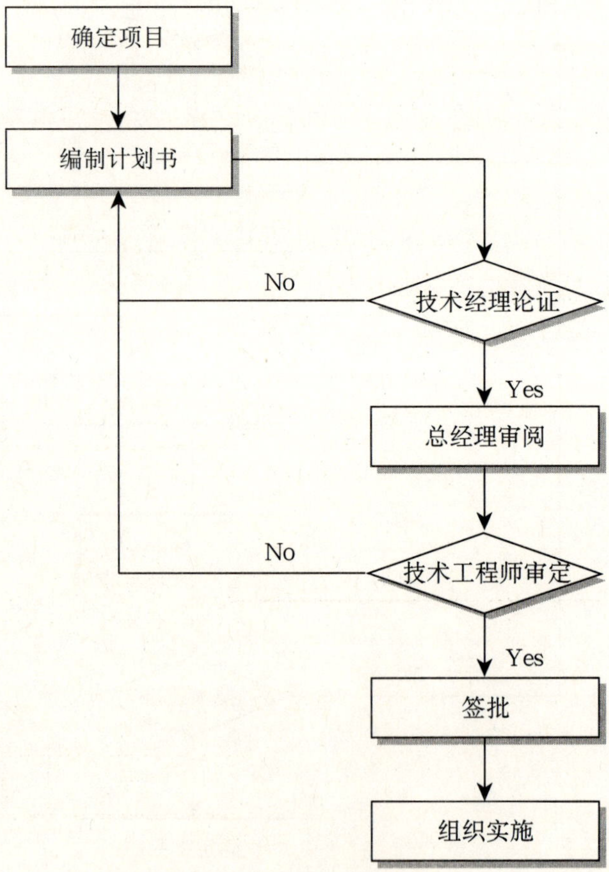

技改项目计划审批流程图

(二)图纸设计作业流程

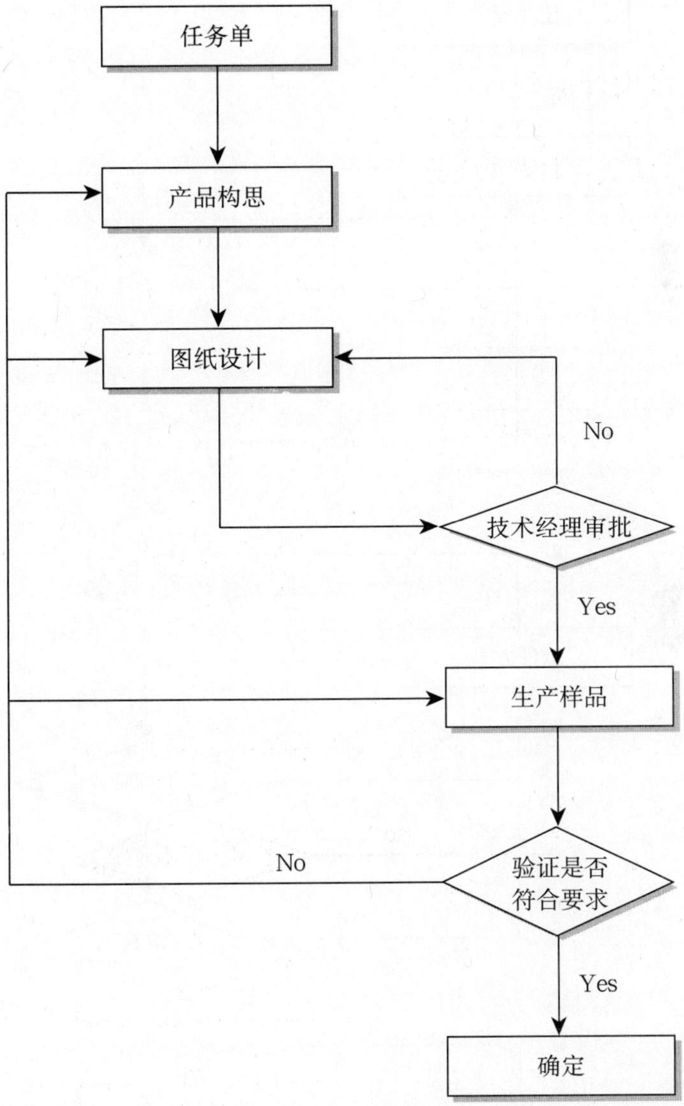

图纸设计作业流程图

（三）技改项目确认流程

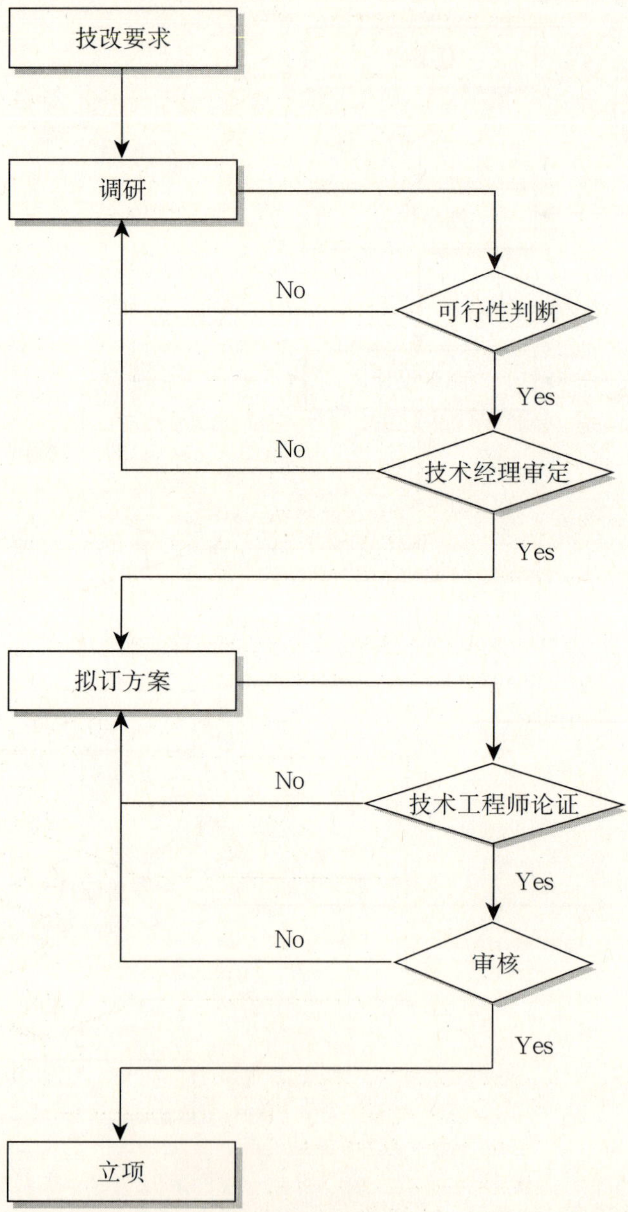

技改项目确认流程图

(四)技术引进作业流程

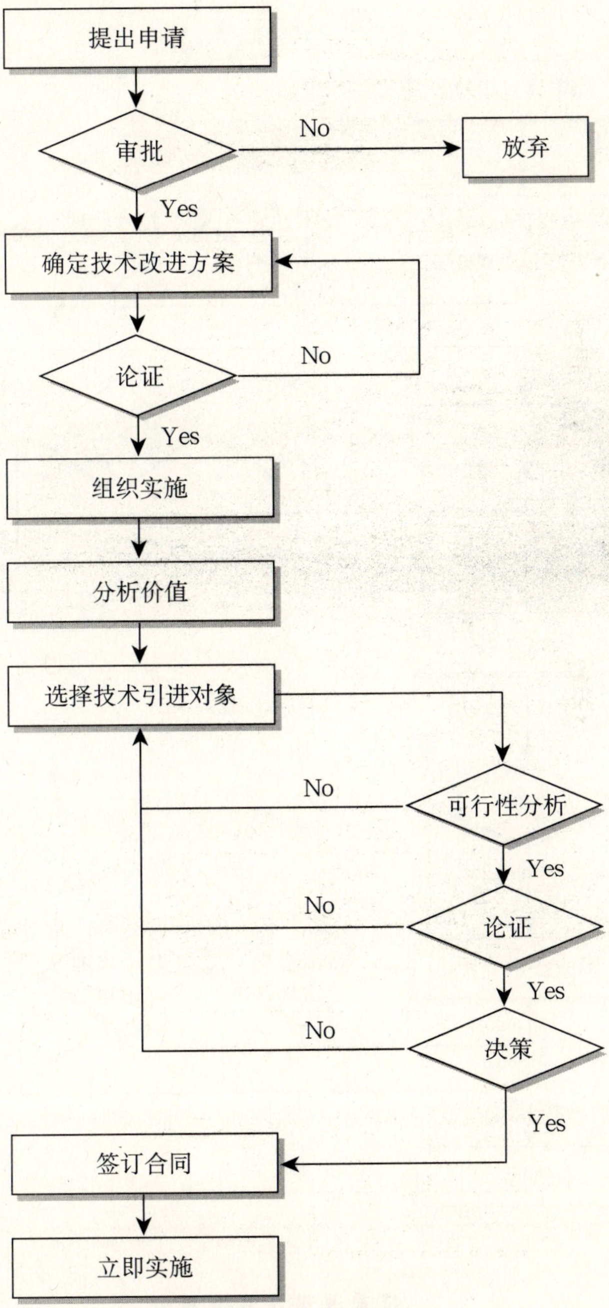

技术引进作业流程图

（五）技术改进作业流程

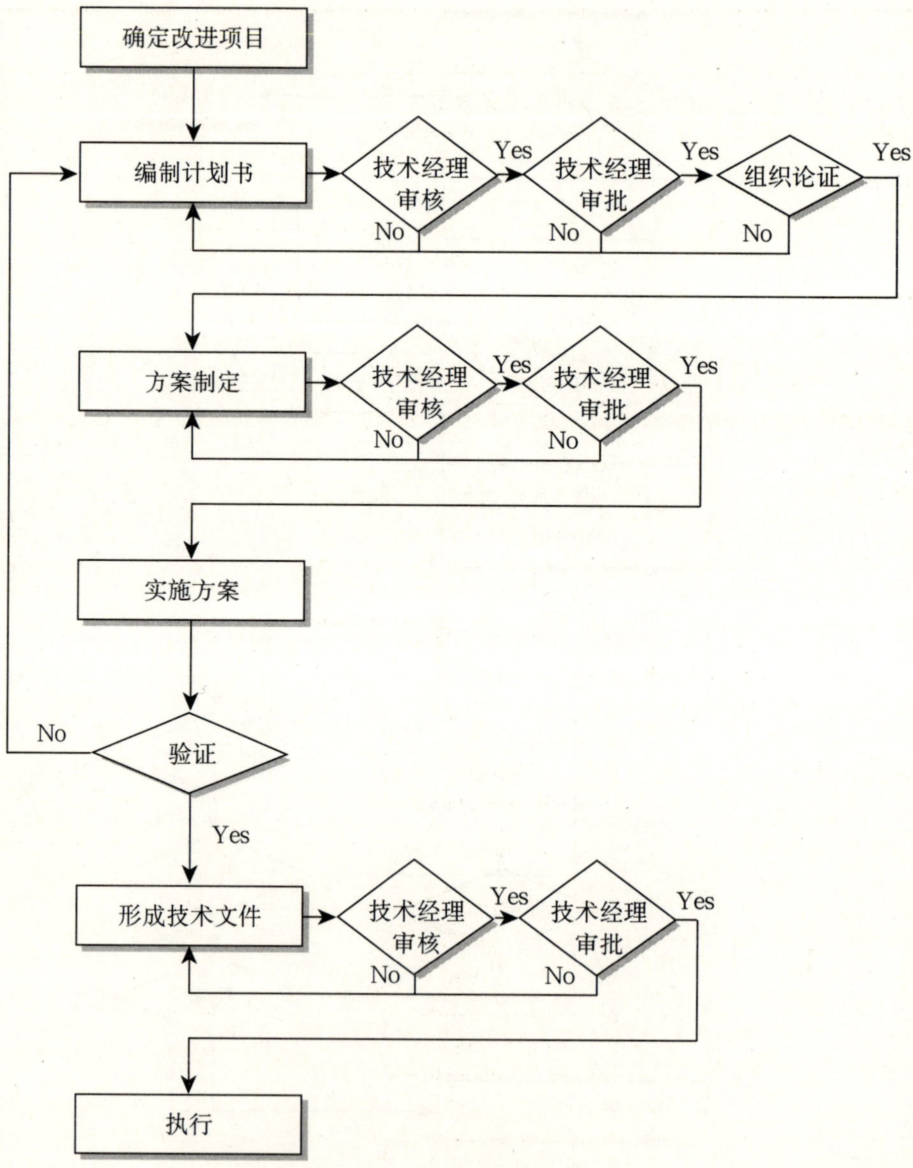

技术改进作业流程图

二、产品技术管理流程

（一）开发项目评审流程

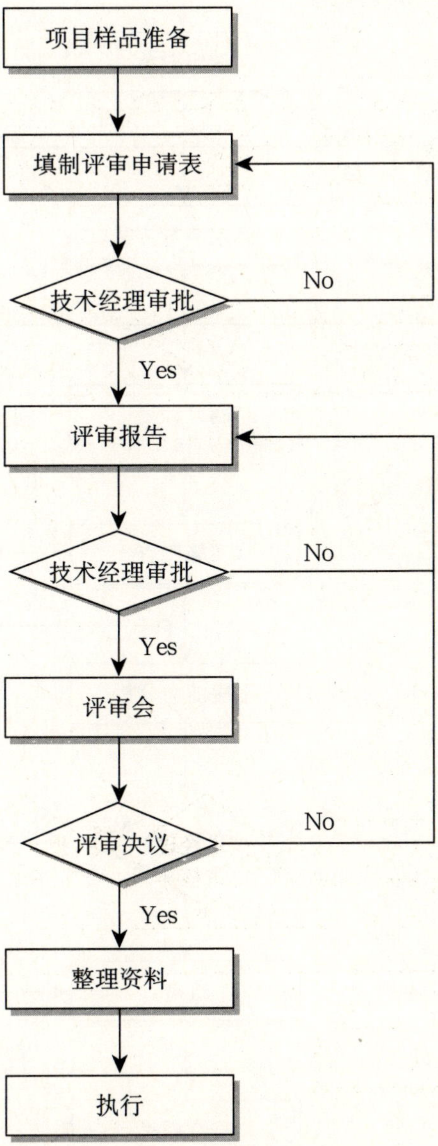

开发项目评审流程图

（二）工序能力调查流程

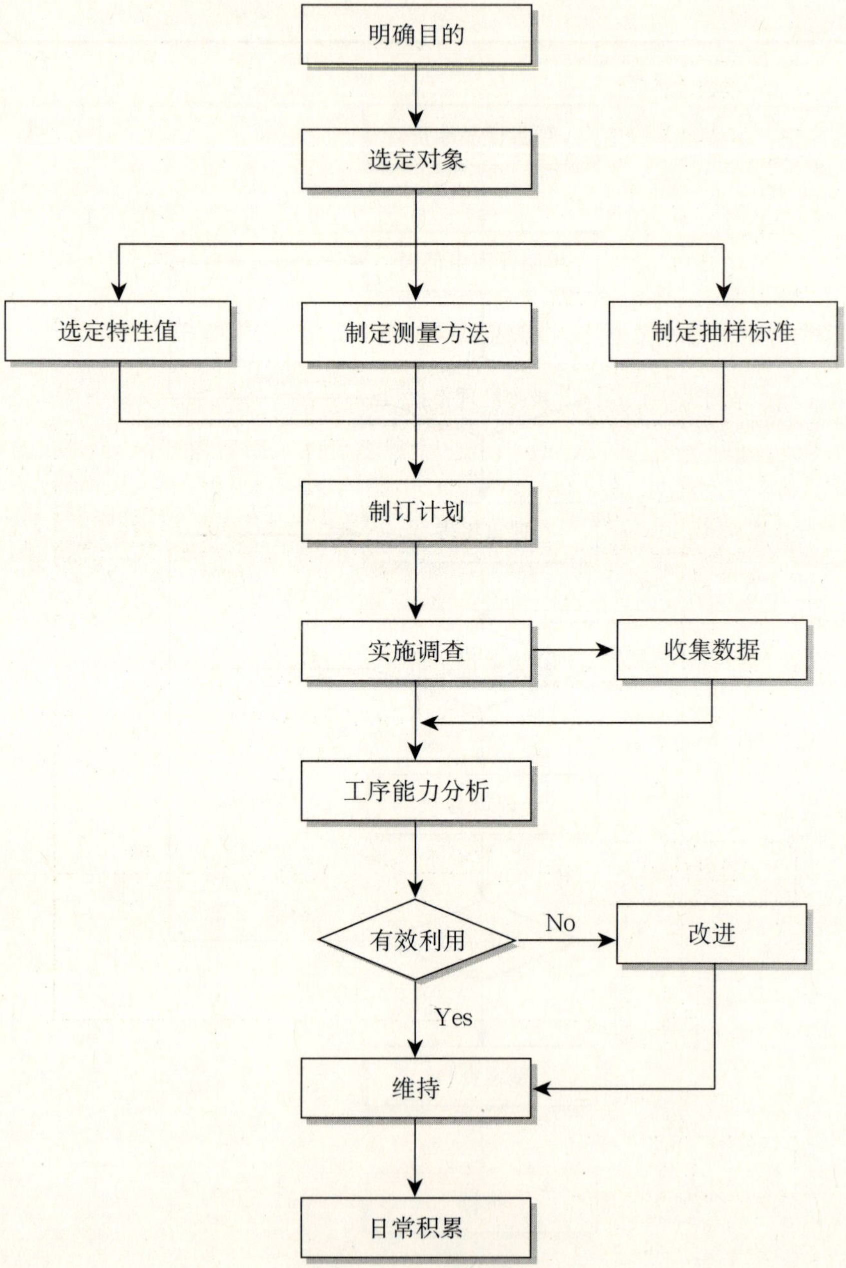

工序能力调查流程图

（三）工艺文件编制流程

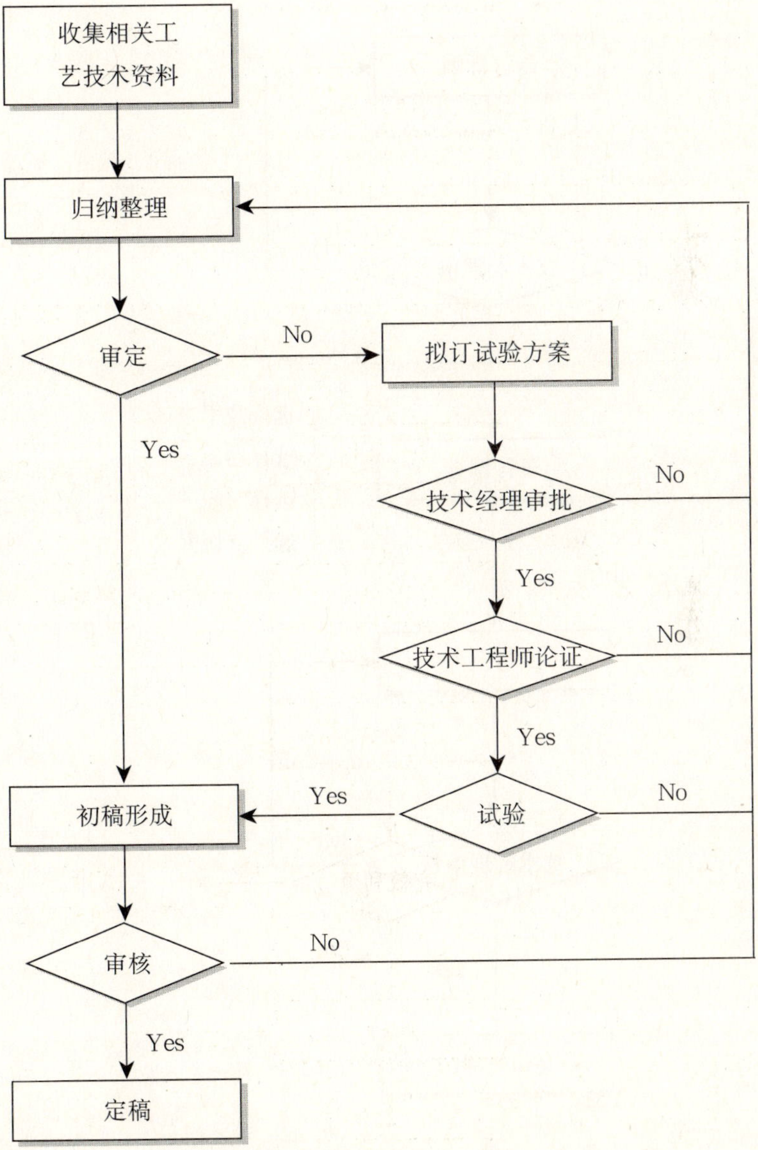

工艺文件编制流程图

(四)工艺调查作业流程

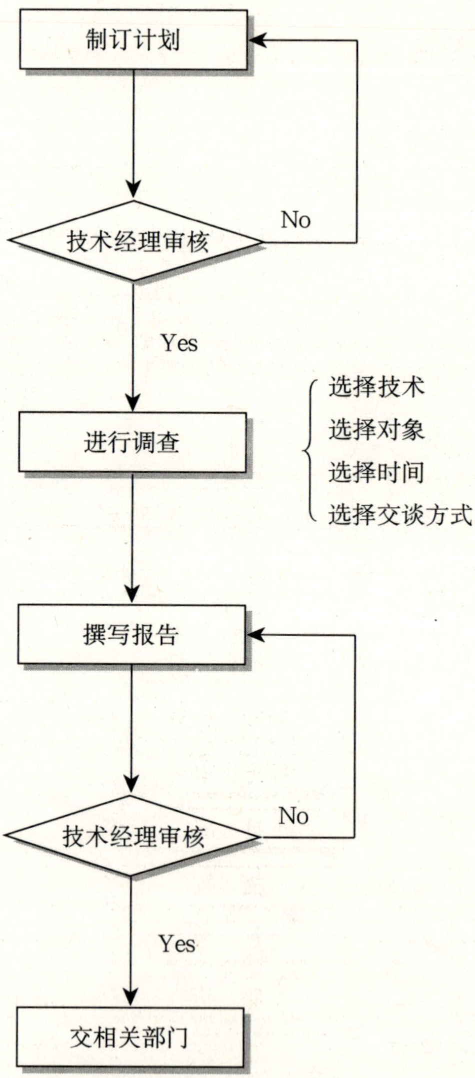

工艺调查作业流程图

第三节　产品分析试制管理

一、产品分析管理流程

（一）工艺装备设计流程

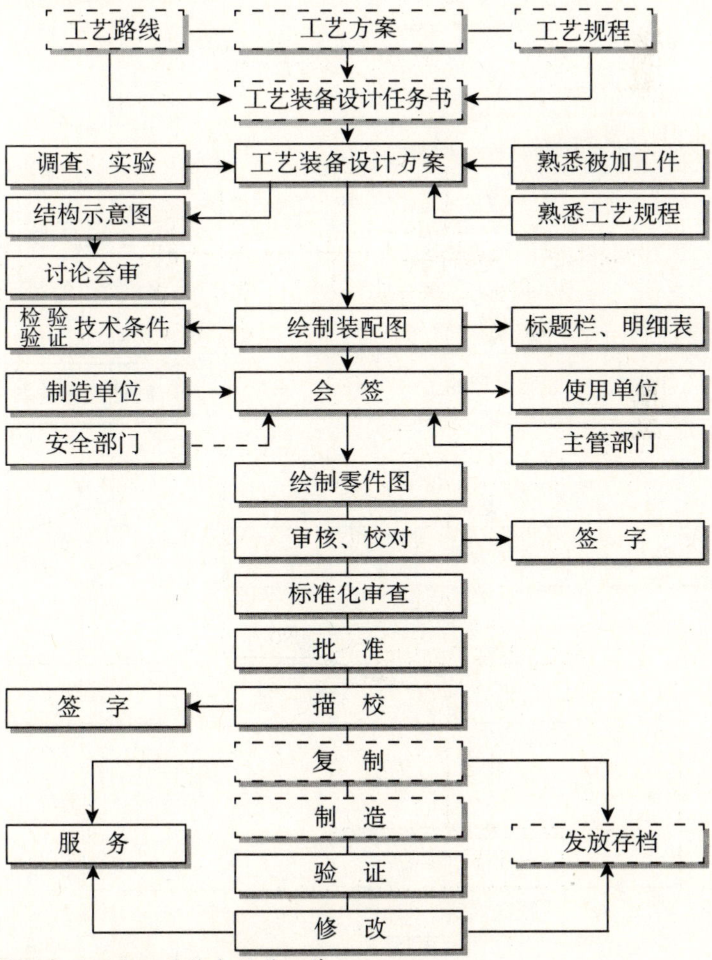

注：①虚线框图表示不属工艺装备设计工作。
②虚线箭头表示可酌情选用。
③会签也可酌情安排在标准化审查后进行。

工艺装备设计流程图

(二)工序能力分析流程

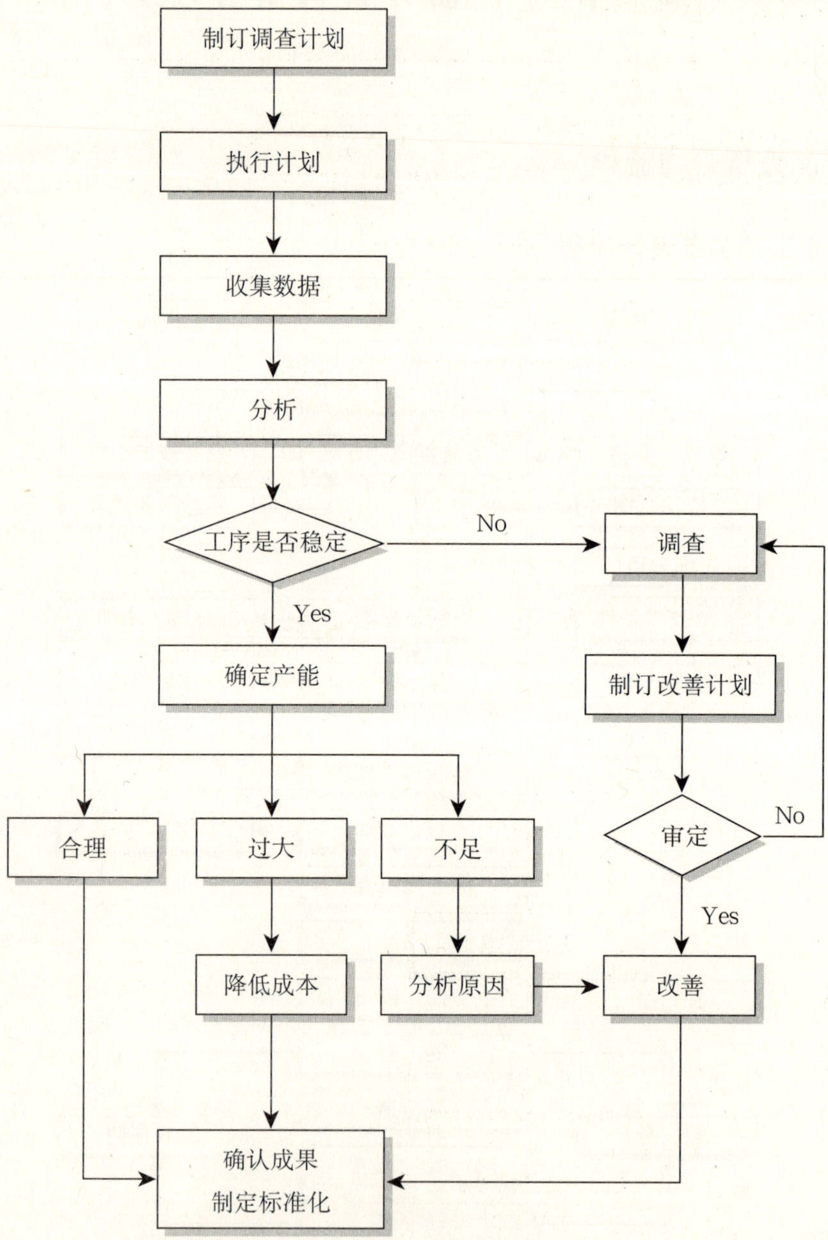

工序能力分析流程图

二、产品试制管理流程

（一）产品试制作业流程

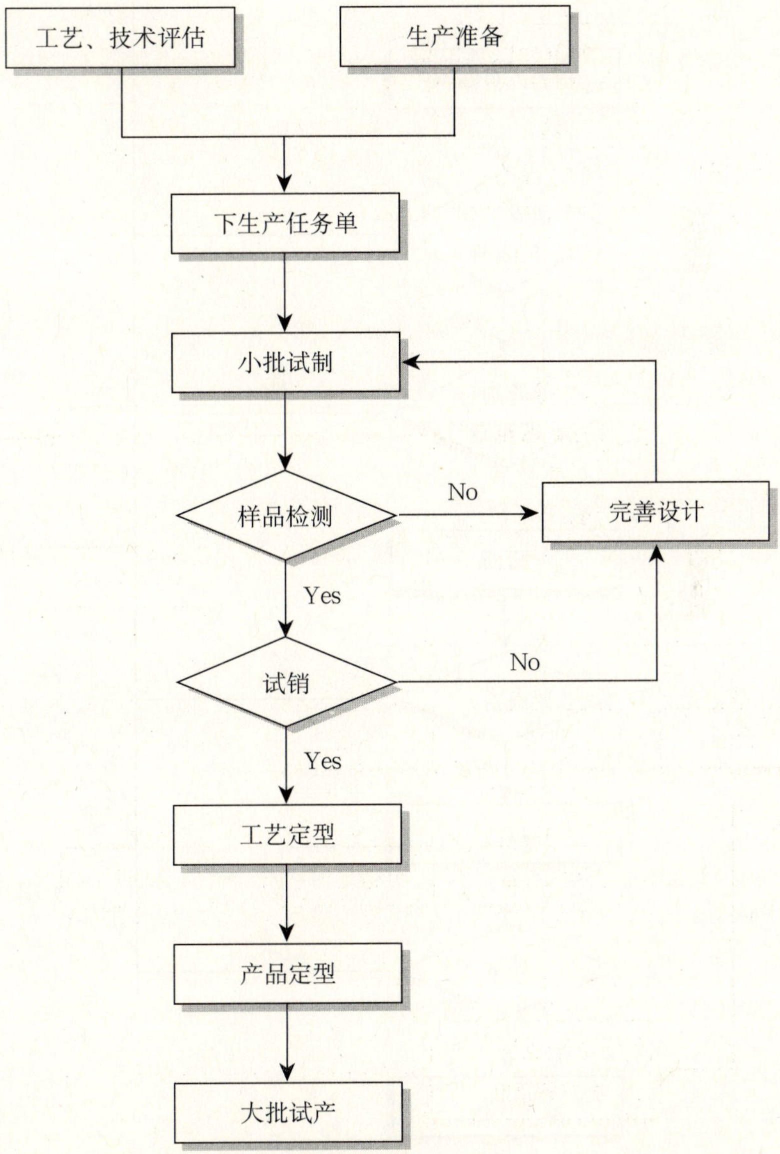

产品试制作业流程图

（二）标准作业文件审查流程

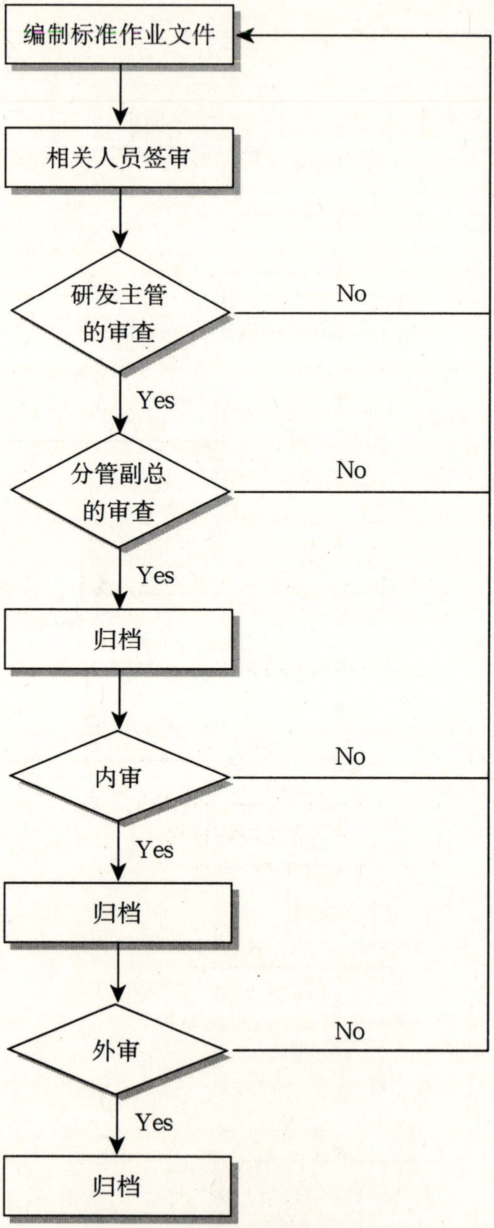

标准作业文件审查流程图

三、产品后期管理流程

（一）商标申请流程

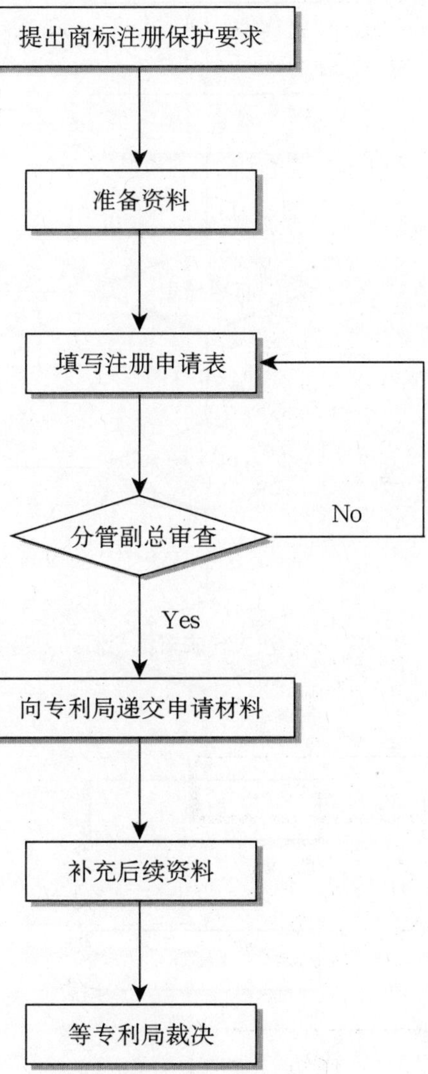

商标申请流程图

（二）知识产权申请流程

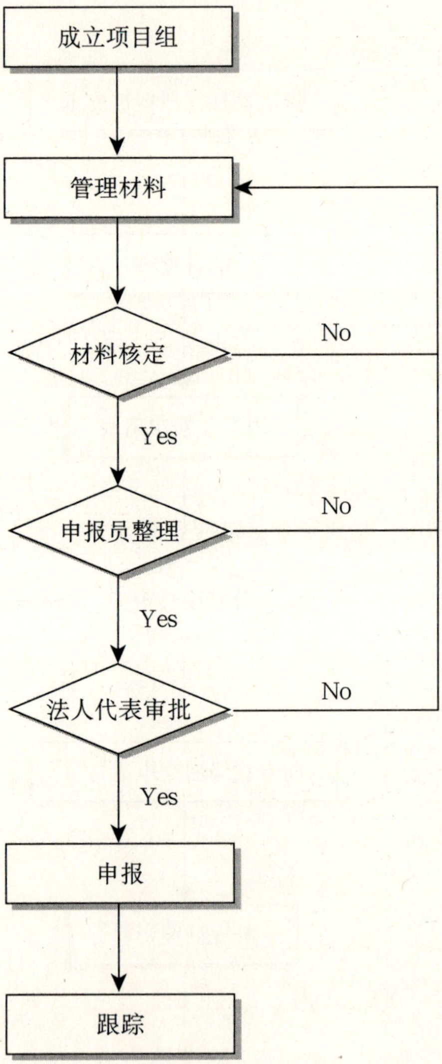

知识产权申请流程图

（三）知识产权保护工作流程

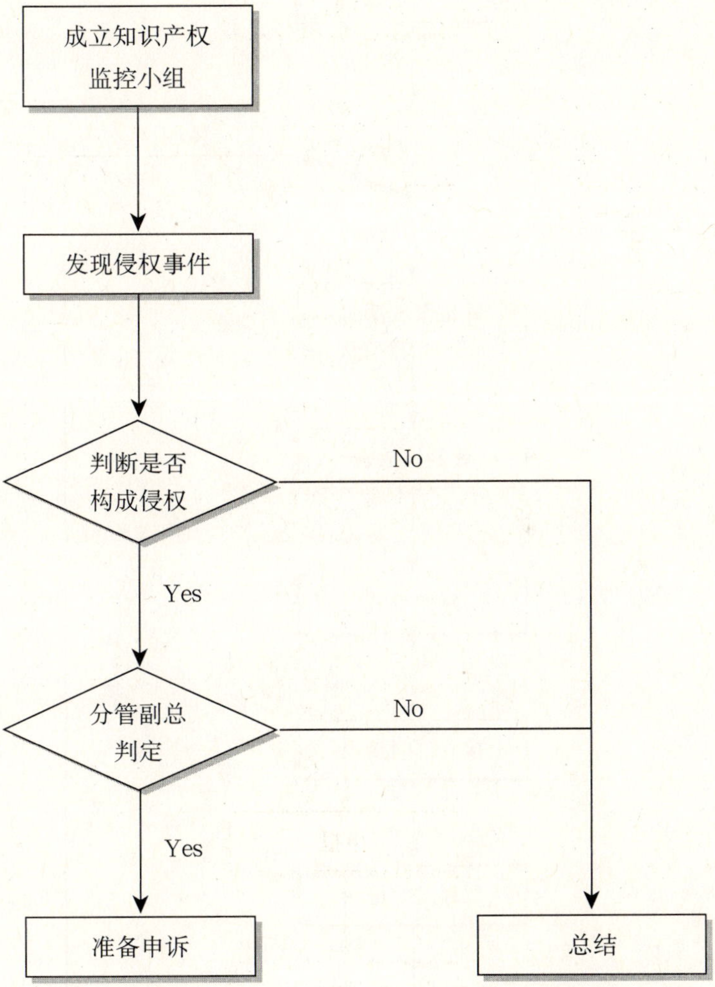

知识产权保护工作流程图

(四)技术文件管制流程

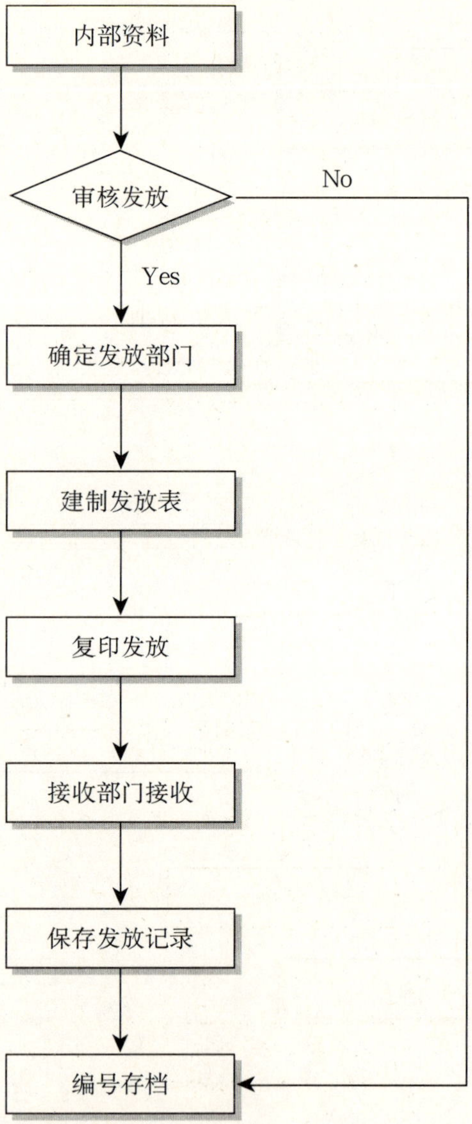

技术文件管制流程图

（五）技术文件编制流程

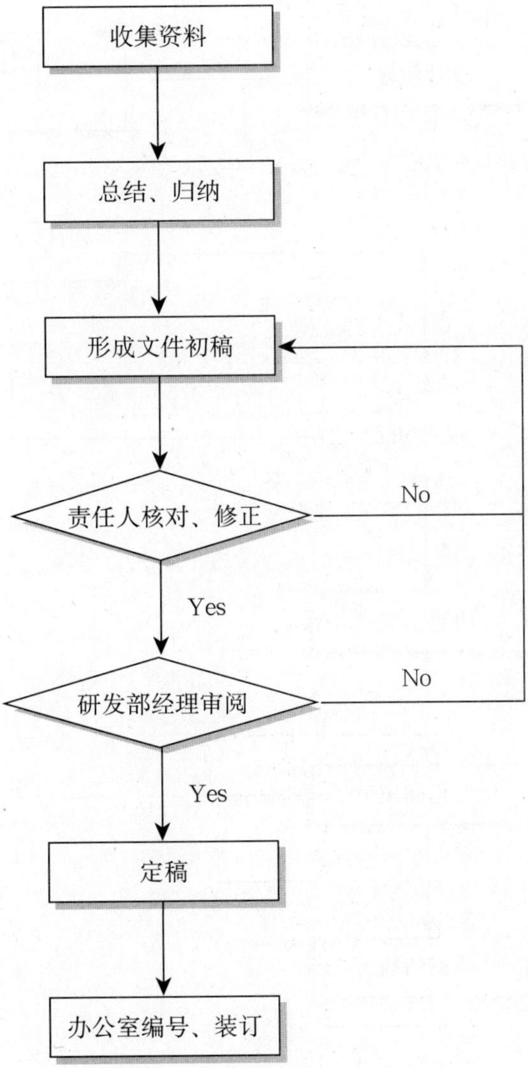

技术文件编制流程图

（六）技术文件借阅流程

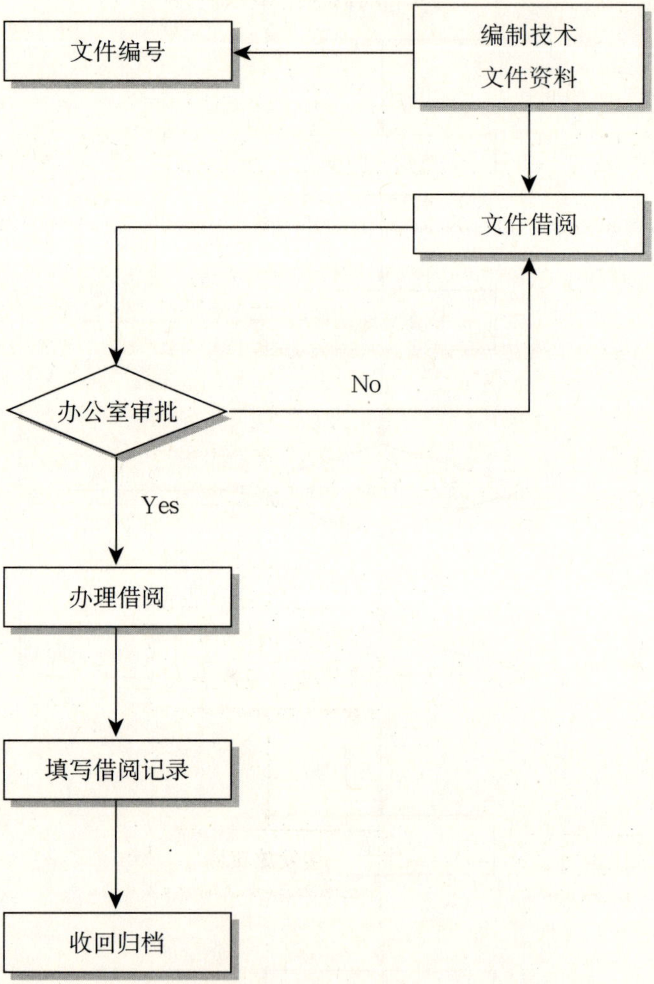

技术文件借阅流程图

（七）技术资料查阅流程

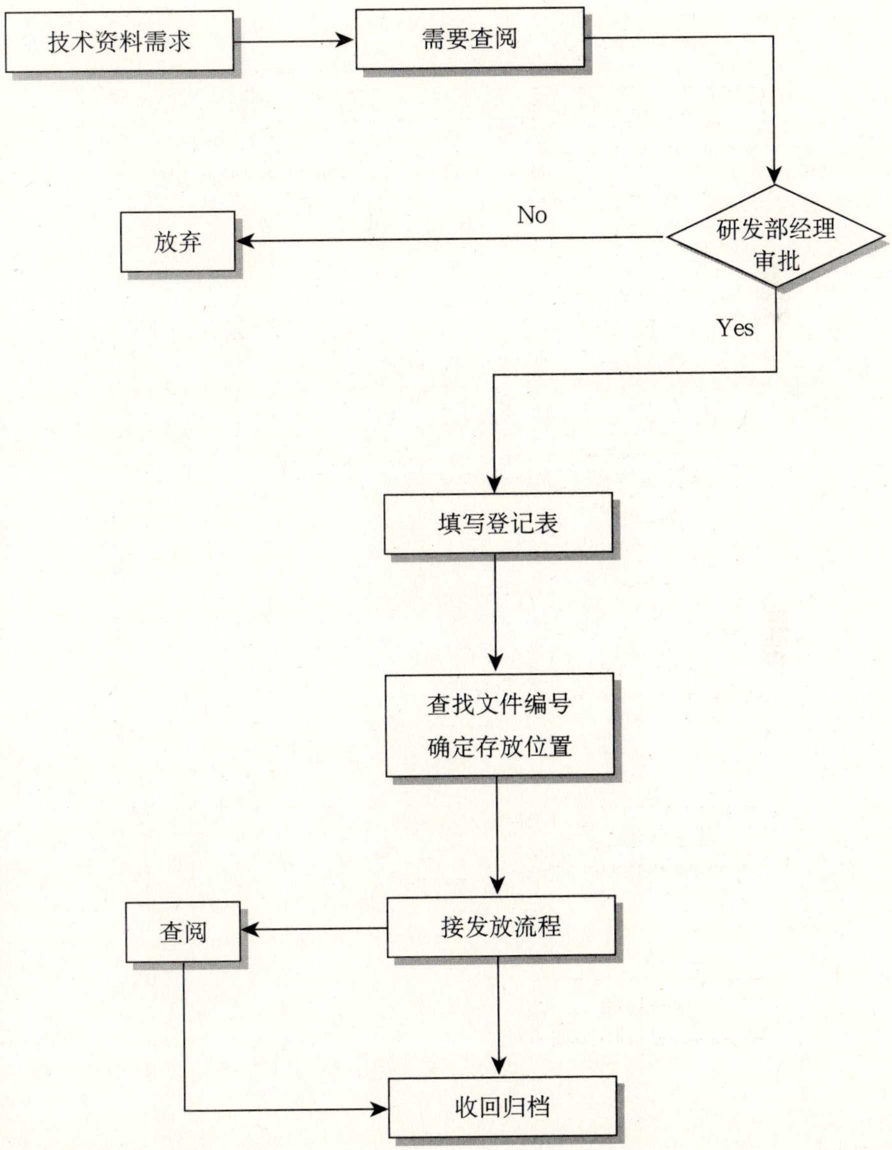

技术资料查阅流程图

第四章

研发部作业文本

第一节　产品设计开发管理

一、产品设计管理文本

(一) 产品设计与开发控制程序

产品设计与开发控制程序

1　目的

对产品设计与开发全过程进行控制，确保设计能满足合同及顾客的要求，达到或超过国家标准规定的技术要求。

2　适用范围

本程序适用于新产品的设计和定型产品的改进活动。

3　职责

3.1　研发部(R&D)负责编制并且监督执行产品设计开发计划，负责设计和开发全过程的组织、协调和管理工作，组织设计评审、设计验证、设计确认工作。负责处理车间生产制造过程中发生的产品设计问题，以及在外购件的采购发生困难时，协助采购部选择代用品。

3.2　总经理负责产品立项，负责主持产品的定型鉴定并批准产品鉴定报告。

3.3　生产技术部(PE)负责工艺方案的评审及工艺规程的编制，工装夹具、模具的设计与制造工作，负责处理车间生产制造过程中发生的工艺问题。

3.4　品质部协调进行设计过程中所需的检验、测量和试验工作。

3.5　生产部负责小批试制阶段的生产组织落实及计划进程的控制。

3.6　采购部负责试制过程中的配套采购。

3.7　营销部负责市场调研并参与相关的设计评审。

4　作业程序

4.1　设计和开发策划。

4.1.1　设计项目的来源。

4.1.1.1　公司内外反馈的信息。

R&D根据公司内外反馈的信息，编制“项目开发建议书”，提出产品开发或技术改造的建议，报总经理批准。批准后的“项目开发建议书”发回R&D。

4.1.1.2　营销部的市场调查。

营销部通过对市场调查结果的分析，提出“项目开发建议书”，报总经理批准后，连同有关资料转交R&D。

4.1.1.3　合同评审的结果。

有技术开发成分的合同或订单(包括技术协议)，必须由R&D等部门评审。评审通过后，营销部将“合同／订单评审表”连同客户的有关资料送交R&D。

4.1.2　R&D经理根据以上确定的开发项目，编制“产品设计开发计划书”。“产品设计开发计划书”包括以下内容：

4.1.2.1　设计和开发的阶段。

4.1.2.2　适合各阶段的设计评审，验证和确认活动。

4.1.2.3　每个阶段的任务、责任人、进度要求。

4.1.2.4　需要增加和调整的资源。

4.1.2.5　其他必要的内容，如在本程序文件中没有确定的职责和权限以及接口管理的要求，都应在计划中确定下来。

“产品设计开发计划书”经副总经理批准后下发有关部门实施。

“产品设计开发计划书”应随着设计和开发的进展适时进行修改，重新审批后发放。

4.1.3　R&D经理做好设计各阶段的组织和协调工作。除非有特别的规定，参与设计的各部门、人员间以“信息联络单”的形式进行设计信息的沟通或以例会记录的形式进行沟通。

4.2　设计输入。

4.2.1　设计任务书的编制。

R＆D经理根据“项目开发建议书”或合同评审结论编制“设计任务书”，“设计任务书应明确规定对设计的要求，内容可包括：

4.2.1.1 产品的功能、性能和结构要求。

4.2.1.2 相关的法律和法规的要求，以及顾客的要求。

4.2.1.3 过去类似设计的有关信息。

4.2.1.4 设计和开发所必需的其他要求，如安全、包装、运输、贮存、维护、环境、经济性方面的要求等。

4.2.2 设计任务书的评审。

R＆D经理组织有关设计人员与营销部等设计提出部门对“设计任务书”进行评审，对其中不完善、含糊或矛盾的要求予以解决。

评审采取会答形式进行。

评审后应将“设计任务书”及相关背景资料提供给相关设计人员。

4.3 初步技术设计。

设计人员按“设计任务书”的要求编制“设计方案说明书”，绘制方案设计总体图、线路图(原理图)、主要零部件方案图，进行必要的设计计算，编制特殊外购件的清单。

4.3.1 “设计方案说明书”

“设计方案说明书”的内容包括：

4.3.1.1 对设计任务书提出的有关修改和改进意见。

4.3.1.2 技术参数及主要性能指标。

4.3.1.3 总布局及主要部件的结构概述。

4.3.1.4 产品主要工作原理及系统。

4.3.1.5 国内外同类产品水平分析比较。

4.3.1.6 标准化综合要求(其内容包括：应贯彻的产品标准和其他现行技术标准、新产品预期达到的标准化系数、对材料和元器件标准化的要求、与国内外水平的对比、对新产品的标准要求及预期达到的标准化经济效果等)。

4.3.1.7 关键技术解决办法及关键元器件、特殊材料货源情况分析。

4.3.1.8 对产品的方案在性能、寿命、成本方面进行分析比较，等等。

4.3.2 方案设计总体图。

一般包括下列内容：

4.3.2.1 产品轮廓。

4.3.2.2 产品的基本特性，如类别、主要参数、型号、规格等。

4.3.2.3 必要时，标明产品外形尺寸、安装尺寸及技术、安装要求等。

4.3.3 初步技术。

初步技术设计完成后，R&D组织与设计阶段有关的所有职能部门的代表进行初步设计评审。

4.3.4 设计评审。

设计评审内容包括：

4.3.4.1 满足用户要求的程度，以及与政府有关法令、规定、国家标准、国际标准、公共惯例的符合性。

4.3.4.2 结构的合理性、工艺性、可靠性、可维修性、安全与环境保护等。

4.3.4.3 操作方便性、宜人性及外观与造型。

4.3.4.4 产品在预定的使用和环境条件下的工作能力，滥用和误用的失效和自动保护性能。

4.3.4.5 产品技术水平与同类产品性能的对比。

4.3.4.6 产品的经济性。

4.3.4.7 设计计算的正确性。

4.3.4.8 关键外观件、原材料采购供应的可能性，特殊零部件外协加上的可行性。

4.3.4.9 标准化程度、产品的继承性。

4.3.4.10 主要参数的可检查性、可试验性。

4.3.5 R&D整理出“设计评审报告”。

“设计评审报告”应记录评审的结果及评审后应采取的必要措施。“设计评审报告”经总经理批准后下发相关部门。

R&D对评审中要求采取的措施的执行情况进行跟踪。

4.4 工作图设计。

4.4.1 R&D在初步技术设计评审的基础上完成全部产品图样及设计文件，包括总图、线路图、PCB底板图、接线图、贴件图、丝印图、包装图、零件图、BOM、合格证、装箱单、使用说明书、产品标准等。

4.4.2 对产品的安全和正常使用所必需的产品特性，应标示在相关的图样及设计文件中，或在图样及设计文件中作特别的说明，或通过编制质量特性重要度分级明细表作出说明。

标示时，应按关键〔1〕、重要〔2〕、次要〔3〕质量特性要求作出标示。

4.4.3 全套图样及设计文件经过R&D经理批准后下发。

4.5 样机试制及设计验证。

4.5.1 样机组根据产品图样及设计文件制作样机，样机送品质部或权威检测机构进行型式试验，试验后出具型式试验报告。

样机试制所需的物料，由R&D开“请购单”交采购部购买。

4.5.2 R&D根据样机试制情况及型式试验报告，编写“设计验证报告”，记录“设计技术任务书”中每一项技术参数或性能指标的验证结果，以及样机试制、检测中的问题以及下一步应采取的措施。

4.5.3 试制合格的样机，必要时由营销部送客户试用，营销部根据客户试用情况填写“客户试用报告”，提交给R&D和品质部等相关部门。

4.5.4 产品需进行安全认证(如UL、CCEE认证等)时，品质部QE应与认证机构联络并做好送样工作。

4.5.5 据样机试制、试用中所提出的改进意见对产品图样及设计文件进行修改。

4.6 小批量试制。

4.6.1 R&D发“产品试制通知单”给相关部门。小批量试制数量为20～200件。

4.6.2 工艺方案的编写与评审。小批量试制前，PE应编写小批量试产的工艺方案，并在工艺方案实施前，组织有关部门对其进行评审，以确认工艺方案的正确、合理与完整性。

评审的内容包括：

4.6.2.1 工艺方案、工艺流程的合理性、经济性。

4.6.2.2 检验方法、检验手段、检测设备的完整性、合理性、适应性。

4.6.2.3 工装设计、设备选型的合理性、可行性。

4.6.2.4 工序质量控制点设置及工序质量因素分析的正确性。

4.6.2.5 外购件、原材料的可用性及供应商质量保证能力。

4.6.2.6 工序能力满足设计要求的程度等。

4.6.3 工艺方案评审之后，PE着手编制工艺规程、工艺文件，进行工艺装备的设计。对关键工序、特殊工序都应在工艺文件中注明。

品质部着手编制检验文件(包括检验工序处的检验文件)。

4.6.4 试制准备。

4.6.4.1 生产部计划科做好车间试制计划并统筹试制物料的采购。

4.6.4.2 PE准备工装和设备。

4.6.4.3 品质部准备检测工具、仪器。

4.6.5 试制。

4.6.5.1 试制前三天，由R&D主持召开产前会，落实试制准备情况并明确各部门在试制中的作用。

4.6.5.2 R&D、PE指导车间根据产品设计和工艺设计提出的图样、设计文件和工艺文件进行试制工作。试制中，品质部等部门应做好配合。试制中发现的问题应及时以“信息联络单”的形式向R&D/PH反映。

4.6.5.3 试制后，PE应提出“工艺验证报告”。

4.6.6 测试与型式试验。

品质部对所有试产的产品进行常规检测，出具相应的检测报告。并抽1～3台进行型式试验，出具型式试验报告。

4.6.7 R&D根据试制情况及品质部的检测报告，编写“产品试制总结报告”。

4.7 设计确认。

R&D、PE按照试制、检测、客户试用所提出的改进意见对图样、设计文件、工艺文件等进行修改补充后，适时召开产品定型鉴定会，审查通过产品标准。

4.7.1 产品定型鉴定会由R&D组织，总经理主持召开。

4.7.2 产品定型鉴定会召开时，R&D应准备鉴定资料，包括设计任务书、输出文件、评审验证记录、产品试制总结报告、客户试用报告等。

4.7.3 与会代表对这些鉴定材料进行审查，提出对产品图样、技术文件、性能检测、生产条件及客户试用等方面的意见，在此基础得出鉴定结论，通过产品标准。

鉴定结论包括：

4.7.3.1 产品达到设计技术任务书及客户要求的评价。

4.7.3.2 产品图样、设计文件、工艺文件是否齐全、统一、正确，能否正确指导生产的评价。

4.7.3.3 产品结构、性能、工艺、技术水平、生产能力、技术指标的先进性，客户使用的可靠性、稳定性以及采用国内外先进技术标准等方面的评价。

4.7.3.4 是否具备产品定型的条件。

4.7.4 R&D整理出"产品鉴定报告"，"产品鉴定报告"应记录鉴定的结论及应采取的改进措施，"产品鉴定报告"经总经理批准后下发相关部门。

4.7.5 按鉴定意见，修改完善产品图样及设计文件、工艺文件。完善定型投产的准备工作。

4.8 设计更改。

4.8.1 设计更改的申请。

4.8.1.1 凡涉及产品图样、设计文件、工艺文件和产品的相关人员均可对设计中存在的缺陷及不足提出设计更改申请。

4.8.1.2 因工艺调整、检测设备测试能力所限、采购或外协加工困难和客户反馈的有关设计缺陷，由相关部门提出设计更改申请。

4.8.1.3 设计更改申请采用"信息联络单"的形式提出，由申请部门填写后，交R&D／PE。R&D／PE应将是否接受更改的信息反馈给申请部门。

注：工艺文件的更改由PE负责，其余由R&D负责。

4.8.2 更改的实施。

4.8.2.1 R&D／PE对"信息联络单"提出的更改申请进行分析，确定是否进行更改，确需进行设计更改的，R&D／PE应填写"图样及技术文件更改通知单"，会签评审及批准后分发给有关部门或人员。

4.8.2.2 更改采用划改或换新的形式(5次划改后换新，少于5次视情况换新。划改或换新时，应注意版本的变更)。

4.8.3 设计更改的评审、验证及确认。

4.8.3.1 大幅度变更产品结构、原理和关键尺寸时，均应按本程序的有关规定进行适当的评审、验证和确认。

4.8.3.2 凡是不改变产品结构、原理的一般更改，会签评审后，由R&D/PE负责跟进直至达到预期的改进效果。

4.9　设计和开发技术文件的管理。

设计和开发技术文件属受控文件，依据"文件控制程序"进行管理和控制，其中产品图纸及设计文件、工艺文件的发放，必须经R&D/PE经理批准。

5　支持性文件

5.1　"文件控制程序"。

5.2　"设计文件及工艺文件的完整性"。

5.3　"设计评审、产品鉴定人员的组成与职责"。

（二）产品图样及设计文件的完整保证程序

产品图样及设计文件的完整保证程序

1　目的

为了保证产品图样及设计文件的完整，特制定本程序。

2　适用范围

本文件适用于新产品设计及老产品改进。

3　产品图样及设计文件的完整性

3.1　产品在设计、试制、鉴定和生产的各阶段，应具有相应的产品图样及设计文件。

3.2　产品图样及设计文件的完整性应按相关要求确定。对不具备批量生产的产品(如一次性产品、特殊大型成套设备等)以及特殊简单产品，可按具体情况确定。

3.3　明细表和装配图明细栏允许具备一种。

3.4　下列文件及图样允许组合。

3.4.1　同系列产品的同一种设计文件。

3.4.2　图样目录与明细表。

3.4.3　外购件汇总表与标准件汇总表。

3.4.4 简图可直接绘于相应的装配图上。

3.5 只进行技术设计和工作图设计或只进行工作图设计的产品，允许无其他阶段的文件。

4 设计文件的内容

4.1 “项目开发建议书／要求书”。

内容包括建议开发的项目及其主要技术要求。

4.2 “设计任务书”(产品要求说明书)。

4.2.1 任务来源。

4.2.2 功能描述、技术参数及主要性能指标。

4.2.3 总布局及主要部件结构概述。

4.2.4 相关的法律、法规和标准的要求及顾客的特殊要求。

4.2.5 主要工作原理。

4.2.6 过去类似设计的有关信息。

4.2.7 同类产品的有关信息。

4.2.8 设计和开发所必需的其他要求，如安全、包装、运输、贮存、维护、环境、经济性方面的要求。

4.2.9 设计、试验、试制的周期估算。

4.3 “设计方案说明书”。

4.3.1 对设计任务书提出的有关修改和改进意见。

4.3.2 技术参数及主要性能指标。

4.3.3 总布局及主要部件的结构概述。

4.3.4 产品主要工作原理及系统。

4.3.5 国内外同类产品水平分析比较。

4.3.6 标准化综合要求(其内容包括：应贯彻的产品标准和其他现行技术标准、新产品预期达到的标准化系数、对材料和元器件标准化的要求、与国内外水平的对比、对新产品的标准要求及预期达到的标准化经济效果等)。

4.3.7 关键技术解决办法及关键元器件、特殊材料货源情况分析。

4.3.8 对产品的方案在性能、寿命、成本方面进行分析比较，等等。

4.4 研究试验大纲。

4.4.1 试验项目名称。

4.4.2 试验目的和要求。

4.4.3 试验条件(环境条件、试验装置、测试仪器及工具等)。

4.4.4 试验方法、步骤和相应的记录表格。

4.4.5 试验注意事项。

4.4.6 经费估计。

4.4.7 提出单位。

4.5 研究试验报告。

4.5.1 试验项目及任务来源。

4.5.2 试验目的和要求。

4.5.3 试验起止时间。

4.5.4 试验数据。

4.5.5 特性曲线。

4.5.6 试验过程中所发生的问题及分析处理情况。

4.5.7 试验结论和建议。

4.5.8 试验单位及人员。

4.6 计算书。

4.6.1 计算目的。

4.6.2 采用的方法、公式来源和公式符号说明(对采用统一计算公式者除外)。

4.6.3 计算过程和结果。

4.7 技术经济分析报告。

4.7.1 确定对产品性能、质量及成本费用有重大影响的主要零部件。

4.7.2 同类型产品相应零部件的技术经济分析比较。

4.7.3 运用价值工程等方法，从成本与功能相互关系，分析产品主要零部件结构、性能、精度、材质等项目，论证达到技术上先进和经济上合理的结构方案。

4.7.4 预期达到的经济效果。

4.8 “技术设计说明书”。

4.8.1 技术设计依据。

4.8.2 对设计方案说明书中确定的有关性能指标、结构、原理的变更情况进行说明。

4.9 文件目录。

编入文件目录的项目为正式生产(或试制)及随机出厂的全部设计文件。

4.10 图样目录。

4.10.1 图样目录一般针对产品编制。

4.10.2 编入图样目录的项目为全部产品工作图样。

4.11 明细表(BOM)。

明细表是表明产品或部件组成部分的表格。

明细表可针对下列对象编制：

4.11.1 产品、部件。

4.11.2 特殊订货的成套附件、工具。

4.11.3 包装部件及零件。

4.12 汇总表。

汇总表是汇总同类产品或部件的表格。

汇总表一般针对产品编制，但同一系列产品可汇总在同一张表格上。

汇总表分为通、借用件汇总表，外购件汇总表，标准件汇总表及其他汇总表。

4.13 产品标准。(略)

4.14 产品特性值重要度分级表。

4.14.1 序号、代号、名称。

4.14.2 重要度特性值。

4.14.3 重要度等级。

4.14.4 备注。

4.15 产品设计评审报告。

4.15.1 评审类别。

4.15.2 评审对象。

4.15.3 评审内容。

4.15.4 存在问题及改进建议。

4.15.5 评审结论及跟踪措施。

4.15.6 评审主持人。

4.15.7 参加评审人员，并让评审人员签字。

4.15.8 评审日期。

4.16 使用说明书。

4.16.1 产品概述。

4.16.2 结构和工作原理。

4.16.3 使用与故障处理。

4.16.4 维护和修理。

4.16.5 随机文件说明(一般包括产品附件、保证卡等)。

4.17 合格证(合格证明书)。

必要时包括：

4.17.1 产品型号、名称、出厂编号。

4.17.2 国名、厂名(或商标)。

4.17.3 “产品经检验合格，准许出厂”等字样。

4.17.4 检验员签章及日期。

4.17.5 必要时可附检验单。

4.18 “质量证明书”(必要时)。

4.18.1 产品型号、名称、出厂编号。

4.18.2 国名、厂名(或商标)。

4.18.3 有关主要性能、安全、可靠性指标的实测数据。

4.18.4 检验员、检查主管签章及日期。

4.19 装箱单。

4.19.1 产品(土机、辅机、配套件)名称、规格、数量。

4.19.2 从产品上拆下包装的零部件名称、数量。

4.19.3 随机附件、工具名称、数量。

4.19.4 随机备件名称、数量。

4.19.5 成套设备安装所需的材料、名称、数量。

4.19.6 随机文件名称、数量。

装箱单中应注明：国名、厂名、产品型号、名称、出厂编号、装箱部位、装箱检验人员签章及日期，必要时，还应注明箱号、箱体尺寸、净重和毛重。

4.20 标准化审查报告。

4.20.1 样品试制标准化审查报告。

4.20.1.1 产品图样、设计文件的正确性、完整性、统一性。

4.20.1.2 产品标准化系数。

4.20.1.3 标准化经济效果。

4.20.1.4 产品基本参数及性能指标符合产品标准情况。

4.20.1.5 贯彻各类标准情况及未贯彻的原因。

4.20.1.6 对新产品标准化情况的综合评价。

4.20.1.7 标准性审查的结论性意见。

4.20.2 小批试制标准化审查报告。

4.20.2.1 工艺标准化审查情况。

4.20.2.2 样机鉴定时标准化方面提出的建议的执行情况。

4.20.2.3 工艺文件的正确性、完整性、统一性。

4.20.2.4 工艺装备标准化系数。

4.20.2.5 存在问题和解决措施。

4.20.2.6 标准化审查的结论性意见。

4.21 试制鉴定大纲(包括样品试制鉴定大纲及小批试制鉴定大纲)。

4.21.1 产品基本参数和技术性能指标是否符合有关产品标准的要求。

4.21.2 提出产品全部性能试验项目、程序及记录表格。

4.21.3 检验产品主要零部件制造质量及装配质量。

4.21.4 检查产品外观质量。

4.21.5 审查产品图样，设计文件的正确性、完整性、统一性。

注：样品试制鉴定，重点审查产品图样、设计文件；小批试制鉴定，重点审查工艺、工装图样及文件。

4.21.6 对在鉴定前已进行过试验并具有试验文件(如试验报告)而又不宜在鉴定时再进行试验的项目，应提出试验报告的编号和名称。

4.21.7 附鉴定用仪器、工具及材料清单。

4.21.8 鉴定试验地点(指大型成套设备)。

4.22 试制总结。

4.22.1 样品试制总结。

4.22.1.1 试制样品性质(指系列、派生、专用等)。

4.22.1.2 试制时间、数量。

4.22.1.3 关键问题及解决过程。

4.22.1.4 产品图样、设计文件验证情况。

4.22.1.5 材料代用情况。

4.22.1.6 加工、装配质量情况。

4.22.1.7 样品试制结论。

4.22.2 小批试制总结。

4.22.2.1 小批试制时间和数量。

4.22.2.2 样品鉴定中提出的问题和建议的处理情况。

4.22.2.3 工艺验证情况。

4.22.2.4 工装验证情况。

4.22.2.5 关键问题及解决过程。

4.22.2.6 小批试制结论。

4.23 型式试验报告。

4.23.1 试验台数及产品编号。

4.23.2 试验依据。

4.23.3 试验记录：根据产品标准/产品标准草案/产品技术条件进行逐项试验并做记录。

4.23.4 质量分析：根据试验结果，对产品质量作出结论性评价，一般指是否合格、主要技术指标的水平、对不合格项目的初步分析意见。

4.24 试用报告。

4.24.1 试用产品型号、名称与编号。

4.24.2 试用项目。

4.24.3 试用目的、要求。

4.24.4 试用条件(必要时包括环境条件、设备、仪表)。

4.24.5 试用步骤、方法和内容。

4.24.6 性能分析。

4.24.7 试用结论。

4.24.8 试用单位盖章和日期。

（三）产品设计管理办法

产品设计管理办法

1　目的

规范新产品开发设计工作流程，使之有章可循。

2　适用范围

凡本公司新产品的开发设计，悉依照本办法的规定管理。

3　产品设计管理流程规定

3.1　新产品技术任务书。

在产品的初步设计阶段，开发部需提出技术任务书，体现产品合理设计方案的改进性和推荐性意见。其编写内容和程序作如下规定：

3.1.1　根据公司产品开发的中长期策略和年度目标、开发计划，提出现在进行新产品开发设计的必要性、可行性。

3.1.2　明确说明新产品的用途和使用范围。

3.1.3　对开发计划提出有关的修改和改进意见。

3.1.4　说明新产品的基本参数及主要性能指标。

3.1.5　叙述新产品的总体布局及主要部件结构。

3.1.6　说明新产品的工作原理。

3.1.7　列出同行或本公司同类型产品的主要技术性能、规格、结构、特征，予以详细比较，阐明新产品的优缺点。

3.1.8　新产品预期达到的标准化系数与该类产品的国际标准、国家标准或行业标准、企业标准之间的比较。

3.1.9　关键技术设计解决办法的说明。

3.1.10　特殊材料、重要部件的资源分析。

3.1.11　对新产品设计方案的价值工程分析，提出不同方案的优缺点供比较。

3.1.12　新产品开发设计的周期预估计划。

3.1.13　新产品开发的费用预算。

3.2　技术设计流程。

技术任务书经权责主管核准后，由开发部对产品作进一步的技术设计。

3.2.1 完成设计过程中必须的试验研究，并写出试验研究大纲和试验研究报告。

3.2.2 制作产品设计计算书(如对运动强度、刚度、热变形、振动、电路、液气路、能量转换、能源效率等方面的计算、核算)。

3.2.3 画出产品总体尺寸图与零部件图，并校准。

3.2.4 对产品中造价高、结构复杂、体积笨重、数量多的主要零部件结构、材质、精度进行价值分析，比较选择合理方案。

3.2.5 绘出各种系统原理图。

3.2.6 提出特殊元件、外购件及零部件明细。

3.2.7 列出预计开发的清单。

3.2.8 对产品的可靠性和可维护性进行分析。

3.2.9 对技术任务的某些内容进行审查、修正或补充。

3.3 技术资料设计。

技术资料设计，是指在技术设计完成后，形成进一步的指导试制及量产的全部工作图样和设计文件，由开发部负责作成。

3.3.1 绘制产品零件图，一般应包括图样格式、视图、投影、比例、尺寸、公差、表面粗糙度、表面处理要求、热处理要求及技术条件等。

3.3.2 绘制产品部件装配图，除保证图样规格外，包括装配、焊接、加工、检验的必要数据和技术要求。

3.3.3 绘制总装配图，绘出反映产品结构概况、组成部分的总图及总加工和检验的技术要求，标出总体尺寸。

3.3.4 制定产品零件明细表，确定外购件、委外加工件清单。

3.3.5 制定产品技术规范，一般包括技术要求、试验方法、检验规则、包装标志与储运规范。

3.3.6 编制新产品试制鉴定大纲。

3.3.7 编写文件目录和图样目录。

3.3.8 制定包装设计图样及文件。

(四)产品设计变更申请管理规定

产品设计变更申请管理规定

1 目的

为发挥团队精神，使各单位对提升本公司产品品质均能贡献力量，特制定本规定。

2 适用范围

本规定适用于各单位(研发部除外)基于作业改善、品质提高或成本降低等原因，欲变更设计时，得向研发部申请设计变更。

3 申请规定

3.1 申请权责。

3.1.1 研发部经理具有各申请案的变更裁决权。

3.1.2 各申请案担任者须填具“设计变更申请书”，经其单位主管确认后，送研发部。

3.1.3 研发部各制品担任主管须检讨各申请案，并负责变更的联络。

3.2 申请变更。

3.2.1 内部申请变更。

3.2.1.1 公司内部各单位如要提出设计变更申请，应先经由生产技术部过滤检查后，再转研发部进行。

3.2.1.2 供应商对本公司设计变更的建议，亦应经由生产技术部过滤检查后，再转研发部进行。

3.2.1.3 生产技术部负内部申请案检查的责任(有关品质问题应与品管单位商讨)。

3.2.2 市场反应变更。

3.2.2.1 经由市场反应所提出的设计变更申请，须经由品质部过滤检查后，再转研发部进行。

3.2.2.2 品质问题得向品质部直接提出，并由品质部及生产技术部检查后，转研发部进行。

3.3 设计变更申请书。

设计变更申请书填制内容项目如下：

3.3.1 提出(申请日期)。

由申请设计变更单位填写提出设计变更申请书的日期。

3.3.2 申请单位。

申请单位名称后两方格为“确认”及“申请人”的签章确认处。

3.3.3 材料编号。

“新设”、“追加”、“变更”、“废止”、“个数变更”等项目由适用者圈选，并记载其“材料编号”、“名称”、“规格”、“材质”、“个／台”(使用个数)及(适用)“机种”。

3.3.4 变更要点。

由申请人及申请单位主管填制拟申请设计变更的原因及其说明要点。

3.3.5 研发部意见。

由研发部各制品担任主管及经理，就各申请案出具意见。

4 相关表单

设计变更申请书。

二、产品开发管理文本

(一) 新产品开发管理程序

新产品开发管理程序

1 目的

本公司为使新产品的开发程序有所依循，特制定本程序。

2 适用范围

凡本公司新产品的开发程序，悉依照本程序的规定管理。

3 程序规定

3.1 制品企划(由研发部负责，企划部配合)。

依据市场动态，并参考市场上同类制品的产销状况，预定设计的目标与原则。

3.2 制品设计(由研发部负责)。

对于新产品的结构、性能、外观、规格等的决定。

3.3 技术试作(由研发部负责)。

由技术设计、试作等负责，制造、品管等协作。

3.4 出图(由研发部负责)。

研发部草图完成后，联络各有关单位并发出正式图纸。

3.5 模具试作(由采购部负责)。

采购部于获得图纸后，向供应商定制试作的模具。

3.6 确认试作(由研发部负责)。

技术担任正式图纸、正式模具的样品试作。

3.7 量产试作(由制造部负责)。

生产线的小批量试作。

3.8 量产(由制造部负责)。

生产线的批量试作。

3.9 开发流程各部门应注意事项。

3.9.1 企划部。

3.9.1.1 提供有关同类产品的市场调查资讯及式样建议。

3.9.1.2 提供预估的上市时机、销售数量、销售价格等评估。

3.9.2 研发部。

3.9.2.1 提出新产品企划案经检讨通过后，进行新产品设计。

3.9.2.2 设计完成后应与品质部研讨。

3.9.2.3 制作图纸先交采购部估价。

3.9.3 采购部。

3.9.3.1 依照“模具开模作业管理规章”决定供应商。

3.9.3.2 会同研发部、品质部等向模具供应商说明需求。

3.9.4 制造部。

3.9.4.1 会同研发部进行新产品的确认试作。

3.9.4.2 新产品确认试作完成后，会同品质部进行量产试作。

3.9.4.3 新产品审查通过后，正式量产。

（二）新产品可行性分析管理程序

新产品可行性分析管理程序

1　目的

使公司新产品开发前的调查研究与分析决策程序有章可循，特制定本程序。

2　适用范围

有关新产品开发前的可行性分析，包含对产品的社会需求、市场占有率、技术现状和发展趋势以及资源效益等方面的评估，依本制度管理、实施。

3　具体规定

3.1　调查研究。

3.1.1　销售部负责收集国内同类产品市场占有率高的前三名品牌，以及国际知名品牌的有关资料，调查同类产品的质量、价格、市场及使用情况。

3.1.2　销售部负责收集国内外有关的专业期刊和其他情报。

3.1.3　研发部负责调查国内市场和重要用户以及国际重点市场同类产品的技术现状和改进要求。

3.2　可行性分析。

3.2.1　销售部针对市场动态及发展趋势，提出书面论证报告，阐述拟开发新产品的市场销售的潜力。

3.2.2　研发部针对该类产品的技术发展现状和动向，提出书面论证报告，阐述拟开发新产品的技术优势。

3.2.3　研发部针对拟开发产品的资源条件，提出书面论证报告，阐述物料、设备、能源以及其他配套资源取得的可行性。

3.3　决策。

3.3.1　公司每年度期末制定下年度经营管理目标时，应将新产品开发目标列入年度目标。

3.3.2　本公司每年应以20%的比例不断地推出新产品。

3.3.3　对已不具市场活力的原有产品，每年以10%的比例淘汰，不再生产。

3.3.4 研发部根据新产品开发可行性分析报告，应提交新产品开发委员会审核，结合年度目标制订新产品开发计划。

3.3.5 新产品开发计划由项目负责人提出(并附各可行性分析报告)，呈研发部主管审核后，呈技术副总经理(或总工程师)批准。

3.3.6 新产品开发计划经技术副总经理(或总工程师)批准后，呈总经理核准，必要时，总经理应向董事会报告，并经董事会确认后，方可实施新产品开发工作。

4 相关文件

新产品开发评价表。

(三)新产品试制管理办法

新产品试制管理办法

1 目的

使公司开发新产品的试制管理规范化，有章可循。

2 适用范围

公司开发新产品中的样品试制、小批试制。

3 管理规定

3.1 新产品试制阶段划分。

3.1.1 样品试制。

样品试制是指在新产品移交量产前，为考核产品设计是否符合设计要求并达到预期目的而进行的个别产品制作工作，可分为以下几种：

3.1.1.1 研发部为考验产品结构、性能和设计图的工艺性，考核图样的技术文件的质量，而制作(可由制造部协助制作)的一件或数件产品。

3.1.1.2 为新产品寻求客户订单，应客户或销售部的要求，在设计阶段或产品量产前，制作的一件或数件产品。

3.1.1.3 为进行产品型号款式试验、寿命试验或其他长期性试验，在产品移交量产前，制作的一件或数件产品。

3.1.1.4 为取得产品某项专业认证，在产品移交量产前，制作的一件或数件产品。

3.1.2 小批试制。

小批试制是指为考核产品的工艺性，验证全部工艺文件和工艺装备，并进一步校正和审验设计图纸，在新产品正式量产前进行的小批量的试制(其批量大小视产品种类而定，但需符合既低成本又能达到验证目的的原则)。

3.2 试制工作程序。

3.2.1 样品试制作业。

3.2.1.1 根据样品试制通知的要求，由研发部主导试制工作。

3.2.1.2 研发部负责各种物料的准备工作，必要时由采购部配合。

3.2.1.3 研发部新产品设计负责人员在制造部相关人员的配合下，完成样品试制工作。

3.2.1.4 样品试制完成后交由品质部依新产品试制鉴定大纲的要求检验、鉴定。

3.2.2 小批试制作业。

3.2.2.1 研发部新产品设计负责人员与生产技术部工艺人员合作，进行新产品工艺设计。

3.2.2.2 由设计人员主导，制定产品试制作业流程。

3.2.2.3 生产技术部工艺人员主导对作业流程的工艺审查。

3.2.2.4 设计人员编制产品试制各工序的作业标准书(作业指导书或工艺卡片)。

3.2.2.5 设计人员主导试制所需物料的请购，由采购部配合购入。

3.2.2.6 生产部负责安排小批试制生产计划，确保试制顺利进行。

3.2.2.7 生产车间部在设计人员、工艺人员的指导下完成新产品的小批试制作业。

(四)新产品开发周期管理办法

新产品开发周期管理办法

1　目的

规范新产品开发各阶段周期时间，使之有章可循。

2　适用范围

凡涉及新产品开发各阶段的作业，其周期管理悉依本办法执行。

3　具体规定

3.1　新产品种类区分

3.1.1　技改型新产品。

由原有的老产品，在保留大部分(或全部)性能和结构的基础上，仅作局部改良或变更而产生的新产品，称为技改型新产品。

3.1.2　移转型新产品。

由客户或其他途径移转过来的，已经过试验、量产的产品(如OEM产品)，已有较为完整的可行性分析、产品设计资料、试制工艺和鉴定结论的，称为移转型新产品。

3.1.3　开发型新产品。

开发型新产品有两类：一类是完全新的产品类别；另一类属于老产品类别，但在性能和结构原理上有很大的改变，或外观造型有巨大变化。

3.2　产品开发周期规定。

3.2.1　开发型新产品。

3.2.1.1　调查研究、可行性分析周期：一般产品为1～2个月，复杂产品为2～3个月。

3.2.1.2　产品设计周期(含技术任务书、技术设计、技术资料设计)：一般产品为1～2个月，复杂产品为2～3个月。

3.2.1.3　模具制作、物料供应商开发周期：一般产品为2～3个月，复杂产品为4～6个月。

3.2.1.4　样品试制与鉴定周期：1～2个月，但鉴定中长期性试验工作(如寿命试验)除外。

3.2.1.5　新产品开发周期管理办法小批试制与鉴定周期：1～1.5个月。

3.2.1.6　产品评审与量产导入周期：1个月内。

3.2.2　技改型新产品。

可直接从技术设计开始，除模具制作与长期性试验外，周期应在1～3个月。

3.2.3　移转型新产品。

一般参照开发型新产品，从样品试制阶段开始，周期为2～4个月。

3.2.4　补充说明。

3.2.4.1　各阶段工作可以交叉进行，如在进行技术资料设计的同时，模具制作、物料供应商开发可以同时进行。

3.2.4.2　不同类型产品周期不同，应在年度开发计划书中予以明确。

4　相关文件

新产品开发进度一览表。

（五）新产品评审管理办法

新产品评审管理办法

1　目的

规范新产品评审流程，使之有章可循。

2　适用范围

凡公司新产品(含技改型、移转型、开发型)的评审均适用本办法。

3　具体规定

3.1　评审时机。

新产品经小批试制，并经鉴定合格后，应进行新产品评审。

3.2　评审形式。

3.2.1　技术资料评审。

3.2.1.1　技术图纸、部件明细表及其他设计资料由设计者绘图、制作，交研发部项目负责人或主管审核后，经总工程师(或技术副总)核准，审核人及核准人负有评审职责。

3.2.1.2 技术设计资料经核准后，由研发部依“技术资料管理办法”发布，生产技术部负责对资料进行验查。

3.2.2 模具评审。

3.2.2.1 研发部负责对模具尺寸、结构依设计图纸予以验收评审。

3.2.2.2 生产技术部负责对模具结构、材质、表面处理、热处理等方面予以验收评审。

3.2.2.3 生产部负责对模具使用状况、制品加工难易程度等方面予以验收评审。

3.2.2.4 品质部负责对制品的尺寸、结构、外观、性能等方面予以验收评审。

3.2.2.5 各部门评审结果填入“模具验收单”，各部门均评审合格，模具方可入库、付款。

3.2.3 工艺评审。

3.2.3.1 由技术副总经理(或总工程师)主持召开小批试制检讨会，各部门在会前针对小批试制中出现的问题提出书面意见。

3.2.3.2 试制检讨会上通过讨论对试制中的问题提出解决方案，指定责任人员进行整改(含设计、结构、资料、工艺流程、物料问题等)。

3.2.3.3 责任人依据整改意见完成整改后，视需要进行样品试制或小批试制以供检验评审。

3.2.4 品质评审。

3.2.4.1 品质部负责对新产品进行型号款式试验、寿命试验和其他相关试验，以确认产品性能是否符合标准要求。

3.2.4.2 必要时，应送样品至客户，由客户检验评审。

3.2.4.3 品质部根据样品试制、小批试制的鉴定结论，确认新产品是否可以投入量产。

3.2.5 总评审。

3.2.5.1 技术副总经理(或总工程师)负责新产品最后的总评审，以确认是否可投入量产。

3.2.5.2 必要时，技术副总(或总工程师)可以召集相关部门人员进行会议评审。

4 相关文件

新产品评审表。

第二节　产品技术研究管理

一、产品技术文件管理文本

（一）技术资料控制程序

技术资料控制程序

1　目的

为规范技术资料的整理、分类、发放、存档等事项，使之合理并有章可循，特制定本程序。

2　适用范围

适用于公司内技术资料的管理。

3　技术图纸管理

3.1　技术图纸种类。

3.1.1　原稿。

3.1.1.1　由研发部设计、制作、修改和存档，并由研发部自行管理。

3.1.1.2　原稿图纸均不对外借用，以确保原稿的完整性。

3.1.2　第二原稿。

3.1.2.1　由原稿复制而成，并归研发部自行保管，以防原稿污损或遗失。

3.1.2.2　第二原稿可供生产技术部、品质部及生产部工作需要时借用，但借用者须事先申请。

3.1.3　试作图纸。

3.1.3.1　零件的开发、设计均须经过试作与检讨等过程，以降低模具修改的机会，缩短开模后的检讨时间。

3.1.3.2　试作图纸共计三份，研发部留存一份，生产技术部留存两份(其中一份交给厂商)。

3.1.4 开模图纸。

3.1.4.1 零件试作并经检讨合格后，由研发部绘制开模图纸。

3.1.4.2 开模图纸共计三份，研发部留存一份，生产技术部留存两份(其中一份交给厂商)。

3.1.5 检验图纸。

3.1.5.1 模具制作完成，模具及生产的制品检验合格后，研发部应绘制检验图纸，供品质部作后续制品检验使用。

3.1.5.2 检验图纸共计四份，一份由研发部存档，一份由生产技术部作工程研究使用，一份由品质部作检验使用，一份由生产部作自检使用(如系外协品，此份由采购交外协厂自检使用)。

3.1.5.3 检验图纸应加盖管制章，以表示其合法性。

3.1.6 正式图纸。

3.1.6.1 即仅标注与生产相关的尺寸、精度、表面处理等参数的图纸，供生产、品质异常等状况下分析、查看使用。

3.1.6.2 正式图纸共计七份，其中研发部自存一份，品质部、生产技术部各留存一份，生产部留存两份，采购部留存两份(一份留存采购，一份留存厂商)。

3.1.7 设计变更图纸。

3.1.7.1 零件已经评审合格，且已导入量产，因故需变更尺寸时，应绘制设计变更图纸。

3.1.7.2 设计变更图纸有三种变更情形：

(1)变更，即对原尺寸进行变更，应加盖“变更”章。

(2)追加，即对原图纸没有的部分，经设计变更后需增加时，加盖“追加”章。

(3)修整，即尺寸不变，因笔误或其他失误需修正者，盖“修正”章。

3.1.7.3 设计变更应遵循“技术变更管理办法”。

3.1.7.4 变更时须发出变更通知，同时以新图纸换回旧图纸，并将回收的旧图纸销毁(设计原稿不销毁)。

3.2 设计图纸管理规定。

3.2.1 技术图纸尺寸。

本公司技术图纸尺寸(长×宽)规定如下(单位：毫米)：

3.2.1.1 A0——880×不限制。

3.2.1.2 A1——840×594。

3.2.1.3 A2——594×420。

3.2.1.4 A3——420×297。

3.2.1.5 A4——297×210。

3.2.2 图纸编号。

3.2.2.1 为方便图纸管理，应对图纸进行有规律的编号。

3.2.2.2 例：D3——0007。

(1)第一码D代表Drawing，表示图号。

(2)第二码表示图纸尺寸，即0表示A0，1表示A1，以此类推。

(3)最后为流水号码，自0001起至9999止。

3.2.3 分发、存档、修正、变更。

3.2.3.1 由研发部依图纸需要加盖“管制”章分发至各相关部门，并作分发登记。

3.2.3.2 原稿由研发部存档(原稿不盖“管制”章)，各相关部门分别保管有“管制”章的图纸。

3.2.3.3 图纸因故修正、变更或废止，由研发部发文各相关部门，并以新图交换旧图，旧图由研发部统一处理。

4　技术文件管理

4.1 技术文件种类。

4.1.1 产品用料明细表。

4.1.1.1 研发部提供产品用料明细表，移交相关部门。

4.1.1.2 产品用料明细表一般应包括使用零部件的名称、编号、规格、单位、标准用量、自制或外购、损耗率等内容。

4.1.2 工艺流程图。

4.1.2.1 生产技术部根据产品生产加工的工艺状况，对工艺流程进行修订。

4.1.2.2 工艺流程一般应包括加工、搬运、检验、储存等内容。

4.1.3 作业标准书(或称作业指导书)。

4.1.3.1 生产技术部根据产品加工的特点，对每一加工工序的作业标准书进行制定及修改。

4.1.3.2 作业标准书一般应包括产品名称、加工工序名称、作业顺序、条件、方法、产品略图、使用设备、工具、标准工时、标准不良率、自检标准等内容。

4.1.4 标准工时。

4.1.4.1 生产技术部根据产品加工状况，测定每一工序的作业标准工时。

4.1.4.2 标准工时一般应注明下列内容：产品名称、规格、工序名称、作业条件、使用设备、标准产量、标准工时、标准不良率。

4.1.5 技术变更资料。

4.1.5.1 在未改变产品结构、性能的基础上，局部技术变更由生产技术部发出技术变更资料，并征询研发部、生产部的同意。

4.1.5.2 对产品之结构、性能有重大改变的变更视同新产品开发，由研发部负责处理(依开发管理相关规定处理)。

4.1.5.3 生产技术部的技术变更一般应包括下列内容：产品名称、规格、变更原因、变更前后差异略图、变更后库存品处理方式、生效时间等。

4.2 技术文件管理规定。

4.2.1 文件编号。

4.2.1.1 为方便技术文件管理，应对文件进行有规律的编号。

4.2.1.2 例：BOM—×××—××。

(1)BOM为产品用料明细表(Bill Of Material)的简称。

(2)×××为产品类别、型号的代号，可用字母或数字表示。

(3)××为同类型产品中不同客户或规格的代号，可用字母或数字表示。

4.2.2 分发、存档、修正、更换。

4.2.2.1 各技术文件由生产技术部制定并分发至各相关部门，并作分发登记。

4.2.2.2 原稿由生产技术部存档(原稿不盖“管制”章)，各相关部门分别保管有加盖“管制”章的文件。

4.2.2.3 文件因故需修改、变更或废止，由生产技术部分发至各相关部门，并以新文件交换旧文件，旧文件由生产技术部统一处理。

（二）工艺文件编制、修改、审批、管理规定

工艺文件编制、修改、审批、管理规定

1 目的

使工艺文件、编制、修改、审批、管理有章可循。

2 适用范围

适用于本厂编制工艺文件的管理。

3 职责范围

3.1 技术部负责工艺文件的各项管理。

3.2 技术文员负责工艺文件登记、发放。

3.3 管理者代表负责工艺文件管理日常监督。

4 管理规定

4.1 工艺文件的分类。

4.1.1 根据使用需要，工艺文件分为主导工艺文件、生产用工艺文件、新产品试制工艺文件。

4.1.2 主导工艺文件是工艺设计人员编制各种具体工艺文件的依据，主要有：

4.1.2.1 工艺过程卡。

4.1.2.2 工艺、工艺装备设计标准。

4.1.2.3 工序间技术条件(包括检查方法)。

4.1.2.4 质量公差标准。

4.1.2.5 切削规范。

4.1.2.6 毛坯形式的选用标准及毛坯尺寸表。

4.1.2.7 材料工艺消耗定额编制规程。

4.1.2.8 工艺方案以及各项技术任务书。

4.1.3 生产用工艺文件是生产过程中各工序相互关联(包括管理)必备的工艺文件，主要有：

4.1.3.1 工艺卡。

4.1.3.2 工序卡和作业指导书。

4.1.3.3 工艺装备(工、夹、模、量、刃具)及其明细表。

4.1.3.4 工艺守则。

4.1.3.5 材料工艺消耗定额卡。

4.1.3.6 工序质量控制有关文件。

4.1.4 新产品试制工艺文件包括新产品样品试制工艺文件和新产品小批量试制工艺文件。

4.1.4.1 新产品样品试制工艺文件是指新产品的零部件在样品试制中，由于在结构、材料、技术要求等方面与现行工艺有很大差异，需要采用未经过验证的工艺时，编制的样品试制工艺文件。样品试制工艺文件只在样品试制阶段有效，不能用于小批量试制或批量生产。

4.1.4.2 新产品小批量试制工艺文件是指新产品经样品试制合格后转入批量生产前而进行的小批量试制，以验证工艺、工艺装备、设备、测试手段是否适应成批量生产要求时，需要编制的小批试制工艺文件。小批量试制工艺文件只在小批量试制阶段有效，不能用于批量生产。批量生产时需编制正式工艺文件。

4.2 工艺文件的编制与审批。

4.2.1 主导工艺文件在编制前，由专业工艺负责人提出编制方案(技术任务书)，经工艺部门主管负责人审定(必要时经总工程师批准)后交工艺设计人员编制。

4.2.2 生产用工艺文件由工艺设计人员根据编制工艺的依据资料和主导工艺文件进行编制。

4.2.3 新产品试制工艺文件在编制前由工艺主管负责人组织有关人员拟订工艺方案，并组织有关人员会审，经总工程师批准后，再由工艺设计人员编制。

4.2.4 各种工艺文件的编制与审批程序列于下表：

序号	工艺文件名称	设计	校对	标审	审核	批准	备注
1	各种工艺标准及工艺管理标准、主导工艺文件	✓	✓	✓	✓	✓	

（续表）

序号	工艺文件名称	设计	校对	标审	审核	批准	备注
2	工艺卡	✓	✓	✓	✓		
3	工艺装备及其明细表	✓	✓	✓	✓		
4	新产品试制工艺文件	✓	✓	✓	✓	✓	
5	材料工艺定额卡	✓	✓	✓	✓		
6	加工作业指导书（卡）	✓	✓	✓	✓		分厂编制
7	工艺守则	✓	✓	✓	✓		分厂编制

4.3 设计审批人员技术责任制。

4.3.1 设计者对设计编制的工艺文件及图纸的正确性、完整性负全部责任。

4.3.2 校对者对文件和图纸的所有数字、文字、计算等负全部的校对责任。

4.3.3 标准化审查者对文件和图纸是否符合国家标准、专业标准、厂标及系列化、规范化、统一性负责。

4.3.4 审核者由专业工艺负责人担任，对文件和图纸是否符合国家技术政策和对设计原则的正确性负责。

4.3.5 批准者由企业总工程师或主管工艺的副总工程师担任，对文件是否符合国家的经济政策、技术政策、国家标准和设计原则的正确性负责。

4.4 工艺文件的修改。

4.4.1 在下列情况下，工艺文件应进行修改：

4.4.1.1 工艺改进时。

4.4.1.2 推广新工艺、新技术、新材料，更新设备和工艺装备时。

4.4.1.3 产品设计及产品标准改变时。

4.4.1.4 贯彻新标准时。

4.4.1.5 工艺文件整顿时。

4.4.1.6 发生设计错误时。

4.4.2 工艺文件的修改，应按规定的格式填写“图纸及技术文件更改通知单”(以下简称“更改通知单”)，按工艺文件的原审批程序，由各级人员签字后生效。“更改通知单”一式三份，一份自存，一份交档案室保存，一份交需更改单位(如涉及多个更改单位，需一式多份)。

4.4.3 工艺文件的修改，如涉及其他工艺文件和工艺装备图纸的修改，必须由涉及的人员或单位进行会签。会签者应在“更改通知单”上签字，并对修改后的工艺文件涉及的其他工艺文件和工艺装备图纸负责。

4.4.4 修改工艺文件时，由原编制者或主管部门指派人员负责修改，其他任何人不得擅自修改。

4.4.5 修改工艺文件时，由修改者持“更改通知单”负责修改本单位保存的蓝图和涉及单位保存的蓝图，并由涉及单位的资料保管员在“更改通知单”上签字认可。然后由修改者持“更改通知单”负责更改档案室保存的底图。凡经修改的工艺文件均须取得存图单位承认。

4.4.6 档案室在存档的“更改通知单”上加盖“已改”字样，并妥善保存。

4.4.7 修改者对错改和漏改负全部责任，由于涉及单位拒绝修改而造成的一切后果由拒绝者负责。

4.4.8 工艺文件的修改方法：凡修改后仍能保持文件的正确、清晰时，允许在被修改处画两杠(但必须看清原来的标注，不允许将原处涂抹或刮掉)，在修改内容的右上角标注更改序号的标记(更改序号的标记为①、②、③…)，并在更改标记栏处签字，写明更改处数、日期、标记、编号等。如图纸不能保持正确、清晰时，由修改者重新制图，更换新图。

4.4.9 凡因工艺文件修改而影响在制品或工艺装备使用时，由修改者(或单位)在“更改通知单”中注明处理意见，由工艺部门负责人批准后执行。

4.5 检查与考核。

4.5.1 本标准由工艺处负责组织检查与考核。

4.5.2 本标准的贯彻执行情况，每半年检查一次，并将检查结果报主管领导。

（三）技术变更控制程序

技术变更控制程序

1 目的

为使产品设计更完美、经济、稳定，特制定本控制程序。

2 适用范围

凡本公司产品于生产过程中，由于材料品质、成本、特性、结构、配合性等因素，需要变更原设计的零部件、工程图或线路图等时，均适用本程序。

3 程序内容

3.1 定义。

本办法所称的技术变更是指生产过程中，在保持产品原有的主要结构原理、工作性能不变基础上的技术变更。

3.2 变更程序。

生产技术部知会研发部项目负责人同意后，有权针对下列事项进行变更：

3.2.1 生产上的作业简化方面。

3.2.2 部分内部设计变更。

3.2.3 不影响性能的外观改善、结构配合改善。

3.2.4 节约成本的材料改善。

3.2.5 技术变更须经研发部及品质部确认后方可进行，必要时品质部须进行产品性能的重新测试鉴定。

3.3 变更动机。

凡本公司的员工，对于公司的产品，均可就下列事项提出改善方案：

3.3.1 材料成本的降低。

3.3.2 材料品质的改进。

3.3.3 产品结构的改良。

3.3.4 产品配合性的改善。

3.3.5 产品加工动作的简化。

3.3.6 产品加工方法的改善。

3.4 变更流程。

技术变更时，属于设计上的变更由研发部发出“技术变更通知单”，属于作业上的变更由生产技术部发出“技术变更通知单”。

3.4.1 产品名称。

填写所欲变更的产品名称、规格，必要时仅针对某些客户变更并予明确。

3.4.2 变更原因。

3.4.2.1 降低成本：经比较确实可降低成本时。

3.4.2.2 材料更换：为提高材料性能，确保产品的稳定性、信赖度、寿命等。

3.4.2.3 工程问题改善：由于工程上或特性上的问题等。

3.4.2.4 品质提升：通过技术设计变更，可提升产品品质。

3.4.2.5 作业改善：为方便生产作业，节省工时，提高作业效率。

3.4.3 物料处理。

变更时，库存的物料或已购未进的物料处理有以下几种方式：

3.4.3.1 继续使用。

表示该物料可延用完后再更换新品。

3.4.3.2 加工后使用。

表示该物料经少许加工可延用完后再更换新品。

3.4.3.3 转移使用。

表示该物料可以转移至其他产品上使用，变更的产品应立即使用新品替代。

3.4.3.4 报废。

表示该物料无处可用，应予以报废，并立即启用新品。

3.4.3.5 暂存保留。

表示该物料暂时无处可用但还不至于报废，以呆料视之，待今后另加利用。

3.4.4 生效时间。

3.4.4.1 立即变更，半成品、成品一并修改。

3.4.4.2 尽快变更，半成品、成品不修改。

3.4.4.3 库存物料用完后变更。

3.4.4.4 自某一制造批号开始变更。

3.4.5 随附资料。

3.4.5.1 变更后的产品用料明细表。

3.4.5.2 变更的工程图纸。

3.4.5.3 变更的线路图。

二、产品试制管理文本

(一)外购零件确认管理办法

外购零件确认管理办法

1 目的

为确认供应厂商所供应的零件品质特性及其信赖度能符合设计品质标准，特制定本办法。

2 适用范围

凡制品的外观、机构或电气材料，采购单位在发出采购订单给选定的供应厂商前，均须依照本办法的规定管理。

3 名词术语

3.1 确认书。

厂商已提供适用的确认书或规格书者，可直接采用为确认书，未提供适用的确认书者，由本企业填发确认书。

3.2 认可检验报告书。

厂商送验确认样品的认可检验报告书的用途为：厂商与本企业测试仪器误差的参考；样品测试数据存档、备查；进料检验作业参考。

3.3 采购认可书。

此为本企业内部各单位间对零件的采购、规格、品质、检验等的协议联络事项，不对外(厂商)开放。

4　确认管理规定

4.1 确认程序。

4.1.1 供图索样。

4.1.1.1 新机种或工程变更的样品需求，由研发部提供图画规格并注明需求样品数，交采购单位负责索取样品，以供确认。

4.1.1.2 开发第二供应厂商时，由采购单位直接向厂商索取样品以供确认。

4.1.2 按图送样。

厂商送来样品时，我厂无法检测的材料，尚须附上该厂的规格书(或确认书)及检验报告。

4.1.3 申请确认。

采购单位接到样品及必要附件时，须填写“零件确认申请单”，请研发部受理。

4.2 样品检验。

研发部主管批准受理后，即将零件指派人员进行测试，并作出结论，提出“认可检验报告书”，呈研发部主管批示。

4.2.1 拒收通知。

4.2.1.1 研发部判为拒收(不予确认)的案件，将认可检验报告书一份及不良零件交采购单位寄给厂商，供其参考改进并再送样。

4.2.1.2 研发部认定该厂商品质水准太差时，可拒绝厂商再送样，采购单位须另寻适当厂商送样。

4.2.2 接收通知。

4.2.2.1 研发部判定确认的申请案，须将确认书、采购认可书、认可检验报告书及确认样品，发交有关单位并完成确认程序。

4.2.2.2 若由于本企业检验设备及检验能力的不足，而对送验样品未能执行完整的基本测试，或其他理由不便将检验报告发交厂商时，可免除寄交厂商认可检验报告书，但内部单位仍须填发“采购认可书”。

4.3 确认样品。

4.3.1 确认样品的外观颜色及某些结构，在书面上很难明确注明，留存确认样品，可作为进料检验比较的标准。

4.3.2 但许多品质、性能受条件的限制无法测试，须靠实际使用判定，当大量采购投入生产，发现品质异常时，确认样品可供检讨比较。

4.3.3 确认样品将留存，作为本公司与供应厂商品质标准产生争议的协调基准。

4.4 认可检验报告书的有条件确认。

4.4.1 研发部对送验样品认为应可予以确认，但厂商实际交货时，尚须对零件作些许的变动，或品质改进，而不必重新送样、重新测试检验者，为“有条件确认”。

4.4.2 研发部须在认可检验报告书上注明“有条件确认”的条件内容，附认可检验报告书、确认样品送交有关单位。

4.5 确认效力。

“确认书”的效力如下：

4.5.1 “确认书”确认本公司初步认定的送样厂商，具有供应本公司需求材料、能符合品质要求的程序、确定送样厂商，及交货的品质规定。

4.5.2 除非经品管委员会特准，未经确认的厂商，采购单位不得自行下订单。

4.5.3 除非经品管委员会特准，未具确认书的交货，进料品管单位须予以拒收，不得自行验收。

5 相关文件

5.1 认可检验报告书。

5.2 零件确认申请单。

5.3 采购认可书。

（二）工程样品需求管理办法

工程样品需求管理办法

1　目的

为落实工程样品的提供，以加速开发进度并使材料来源有正常管理，特制定本办法。

2　适用范围

适用于新机种开发或工程变更的样品需求作业。

3　需求管理规定

3.1　需求作业。

3.1.1　模具需求。

3.1.1.1　研发部所需的机构模型，由研发部工业设计工程师直接向总经理室单价审核人员接洽处理。

3.1.1.2　研发部依“模具开模作业管理办法”的开模作业流程询价、议价后，直接转呈总经理核准。

3.1.1.3　采购部人员不介入模型需求作业。

3.1.2　工程样品需求。

3.1.2.1　研发部开立“工程样品需求单”一式三份，经部门主管确认，转采购部确认提供日期后，一联送回研发部。

3.1.2.2　采购部接到需求单后，先判断该样品为有偿材料或无偿材料。

3.1.2.3　无偿材料可直接向厂商要，并提供给研发部门。

3.2　订购作业。

3.2.1　经采购部确认为有偿材料，采购人员需开立“订购单”一式三份，转呈生产部主管核准后购置，如经确认单价不合，则退回采购部重新作业。

3.2.2　“订购单”核准后第三联转财会部存查，第二联转厂商备料提供样品。

3.3　进料作业。

3.3.1　厂商完成工程样品后，比照一般进料程序开立“进料验收传票”一式四份，提交给采购部且于传票上注明“工程样品”字样。

3.3.2　采购部接到该材料后签认第四联给厂商，第1～3联予材料转研发部。

3.3.3　研发部接到工程样品后，先确认无误再将生产管理联与财务联签认送回采购部，品管联由研发部自行留存。

3.3.4　采购部接到研发部签收的“进料验收传票”后，生产管理联自留，财务联转财务部入账。

3.3.5　研发部于样品确认后，如进料与需求规格不合时，退回采购部重新作业。

3.3.6　研发部于样品试用后，虽合乎其规格但不符合实际需要时，必须重新开立“工程样品需求单”，且以有偿材料作业。

3.4　付款原则。

有偿材料的付款，依本企业“应付账款处理办法”的规定办理。

3.5　寻求样品原则。

样品需求作业研发人员及采购人员应有共识，即与需求材料厂商的配合度应良好，以免造成大量生产时发生品质与供货问题。

4　相关表单

工程样品需求单。

（三）工艺流程与作业标准控制程序

工艺流程与作业标准控制程序

1　目的

为规范制造工艺流程与作业标准的制定和使用，使之有章可循，特制定本程序。

2　适用范围

适用于产品制造加工工艺流程与作业标准的事宜。

3　工艺流程图

3.1 定义。

工艺流程图又称作业流程图或制造流程图，是一种图示方法，是用简化的工程符号将制造加工程序的先后关系表示出来。一份工艺流程图通常包括下列项目：

3.1.1 工序符号。

3.1.2 工序名称。

3.1.3 作业人数。

3.1.4 相关技术标准或作业标准。

3.1.5 管制项目(包括制造条件与品质特性)。

3.1.6 标准时间。

3.1.7 平衡状态。

3.2 工艺流程图使用的符号。

3.2.1 ○：操作(或称作业)。

凡物体被改变任何物理或化学性质，或装上另一物体，或从另一物体上拆下，均谓之“操作”或“作业”。

3.2.2 □：检验。

为了查明品质特性与规格的异同，对于产品数量及品质进行测量、试验、比较或证明，称为“检验”，用“□”表示数量的检验，用“◇”表示品质的检验，用“▣”表示操作又兼检验(自检)。

3.2.3 ▽：贮存。

即物品之保存或等待。

3.2.4 D：延迟。

由于预定的行动未即刻发生，而产生的时间空当为非必要者，称为“延迟”。在工艺流程图里，此符号不常使用，因其中不伴有品质特性或查核点。

3.2.5 ：搬运。

凡有意改变物品的位置，从一处移至另一处，即为“搬运”。

3.3 工艺流程图的制作。

3.3.1 管理权责。

3.3.1.1 生产技术部负责生产工艺流程图的制作，于新产品正式量产前完成。

3.3.1.2 工艺流程图原稿由生产技术部自存，并复制三份，加盖“管制”章分发生管部、生产部和品质部各一份。

3.3.1.3 主管部依工艺流程图编排生产计划，生产部依工艺流程图安排作业分工，品质部依工艺流程图安排品质管制点。

3.3.1.4 各部门对工艺流程图有意见或建议时，可向生产技术部提出技术变更申请。

3.3.2 工艺流程图的写法。

3.3.2.1 工序与检验站名称。

找出生产过程的主要流程为基础从原料或零件开始到成品为止的整个过程，垂直地记录下来，其他副流程依进入主流程的先后次序，从旁边插进。

3.3.2.2 工序符号。

在各工序与检验站名称左边标注上各种符号，如“○”、“□”、“◇”等。

3.3.2.3 原材料或零件。

原材料及零件加入，利用水平线连接于工序符号的左边，线上写上原材料或零件的名称，需要时可在线下写上规格。

3.3.2.4 作业人数。

在工序或检验站右边填上标准作业人数。

3.3.2.5 管制项目与查核点。

管制项目包括每一工序的查核点及管制特性，写在工序名称的右边，逐一列明，在“◇”的右边所列者均为检验站的检验项目或管制项目，在“○”的右边所列者大多数为查核点。

3.3.2.6 相关的技术标准或作业标准。

此栏填上每一作业工序依据的作业指导书编号或技术标准编号。

4 作业标准书

4.1 定义。

作业标准书又称作业指导书或工艺标准书，是将作业方法、步骤及其标准，用图、表、照片以及简洁的文字表示出来，供作业人员了解，以规范作业动作的技术文件。作业标准书一般应包括下列项目：

4.1.1 产品名称、工序名称。

4.1.2 产品简图或作业照片。

4.1.3 操作说明及注意事项。

4.1.4 使用物料名称、规格、数量。

4.1.5 使用设备、工装夹具。

4.1.6 检验项目、规格、标准。

4.1.7 标准工时。

4.1.8 标准不良率。

4.2 作业标准书的制作。

4.2.1 管理权责。

4.2.1.1 生产技术部负责作业标准书的制作，在新产品正式量产前完成。

4.2.1.2 作业标准书原稿由生产技术部自存，并复制两份，加盖“管制”章后分发生产部、品质部各一份。

4.2.1.3 生产部依作业标准书训练员工，并作为员工作业执行的标准规范；品质部在制程品质管制中，以作业标准的执行作为查核的重点之一。

4.2.1.4 各部门对作业标准书有意见或建议时，可向生产技术部提出技术变更申请。

4.2.2 作业标准书的填写。

4.2.2.1 产品名称、工序、工序名称。

填入加工的产品名称、作业工序的名称，并与工艺流程图的作业工序名称一致。

4.2.2.2 图示。

画上本工序的主要简图，或用照片演示本工序作业内容，使作业者明白作业原理。

4.2.2.3 操作说明及注意事项。

填入本工序操作步骤，逐一陈述作业要领，并将作业中的重要注意事项同时标出(可参照工艺流程图)。

4.2.2.4 使用物料。

应明确本工序所使用的物料名称、规格、数量。

4.2.2.5 使用设备、工装夹具。

应填写本工序所使用的设备、工装夹具的名称、规格、数量。

4.2.2.6 检验项目。

填写本工序自检的项目、检验的标准或规格尺寸，以及检验方法，必要时注明检验工具。

4.2.2.7 标准工时。

应填写本工序的标准工时。必要时换算成标准产量一并填入。

4.2.2.8 标准不良率。

填写本工序的标准不良率。

(四) 特殊工序质量控制程序

特殊工序质量控制程序

1 目的

规范特殊工序质量控制的内容，使之有章可循。

2 适用范围

凡产品特殊工序质量控制的相关事宜，悉依本程序执行。

3 术语

3.1 关键工序。

关键工序是对产品质量起决定性作用的工序。它是主要质量特性形成的工序，也是生产过程中需要严密控制的工序。

3.2 特殊工序。

工序的加工质量不易或不能通过其后的检验和试验充分得到验证的工序属于特殊工序。例如焊接、热处理、电镀、涂漆、充液(仪表行业)、发泡(冰箱行业)、塑料压制等，以及铸造、锻造中的若干主要工序。

4 特殊工序质量控制的基本原则

4.1 工序质量控制的严格程度应视产品的类型、用途、生产条件等情况而有所区别，允许结合本企业的具体情况，使用不同的控制方法。

4.2 特殊工序的质量控制以加强过程控制为主，辅以必要的多频次的工序检验，检查人员与质量保证人员对现场操作负有监督的责任和权限。

4.3 应从工序流程分析着手。找出各环节(或分工序)影响质量特性的主要因素，研究控制方法，配备适当手段，进行工序过程的系统控制。特殊工序应遵循“点面结合”的原则，在系统控制的基础上，对关键环节进行重点控制。

4.4 应根据产品的工艺特点，加强工艺方法的试验验证。制定明确的技术和管理文件，严格控制工艺参数及影响参数波动的各种因素，使工序处于受控状态。

4.5 特殊工序操作、检验人员要经过技术培训和资格认证。

4.6 特殊工序所用工艺材料、被加工物资应实行严格控制，必要时应进行复检。使用中的各种工作介质应定期分析、调整。操作时必须在规定的范围内。

4.7 必须使用经确认合格的模具、工装、设备和计量器具，并积极采用先进的检测技术和控制手段，对影响质量特性的主要因素进行快速、准确的检测和调整，力争实现自动控制，以减少人的因素引起的质量波动。

4.8 应对工作环境(尘埃、温度、湿度等)进行控制，满足工艺文件的要求，必要时应加以验证。

5 特殊工序质量控制的主要内容

5.1 工艺规程和技术文件。

5.1.1 特殊工序的工艺规程除明确工艺参数外，还应对工艺参数的控制方法、试样的制取、工作介质、设备和环境条件等作出具体的规定。

5.1.2 工艺规程必须经验证认可并符合有关标准，主要工艺参数的变更，必须经过充分试验验证或专家论证合格后，方可更改文件。

5.1.3 对特殊工序，根据不同产品的技术要求和工艺特点，可在工序流程的必要环节设置控制点，进行重点控制。控制点可按零件的质量特性、工序或设备来设置。

5.1.4 对控制点应进行工序质量分析和验证，找出主要影响因素，明确控制方法，并进行连续评价。控制点的工艺文件应包含质量控制的内容，如对控制的项目、内容、方法、检测频次、检查方法、记录及测定人员等作出具体规定。

5.1.5 工艺部应根据质量控制要求，编制原始记录表格并规定填表要求，包括让检验人员、品管人员对工艺参数和操作状况进行检查、监督、认定、签订的要求。例如，可编制工艺参数核对表、晶粒度测定的波动图、关键件的热处理温升曲线、槽液分析与调整数据的记录、焊接检查卡、关键件的履历卡等。主要原始记录表格应汇总归档，并规定制件加工档案的保存期限，以备查考。

5.1.6 规定并执行工艺文件的编制、评定和审批程序，以保证生产现场所使用的文件的正确、完整、统一。

5.1.7 制定并执行技术文件的保管、使用、更改和销毁制度(或标准)。文件更改的审批程序应与原文件的审批程序相同，重要的更改应有试验验证。

5.2 人员的培训和考核。

5.2.1 特殊工序的操作、检验人员必须经过定期考核和培训，并持有上岗操作证，对有特殊要求的关键岗位，必须选派经专业考核合格、有现场质量控制知识、经验丰富的人员担任。

5.2.2 明确规定特殊工序操作、检验人员应具备的专业知识和操作技能，组成技术考核委员会进行理论和实际操作的考核，各项成绩应填入考核档案，合格者发给相应的上岗操作证。

5.3 设备、仪表和工艺装备。

5.3.1 特殊工序使用的设备、仪器仪表和工艺装备(含辅具)，必须符合工艺规程的要求。

5.3.2 新制、改进或大修后的设备和仪器仪表应按其技术条件验收，经调试、鉴定合格签证后，方可正式投入使用。工艺装备必须按规定进行验收、验证(或试用)合格后，方可使用。

5.3.3 设备必须完整、配套，配有显示(或自动控制)工艺参数的检测、计量仪器仪表。各种供监控用的仪表，一般应按其功能分别设置，必要时，还应配备工艺参数自动记录仪和安全报警装置。

5.3.4 制定和执行设备、工艺装备的维修保养，仪器仪表的定期检定、校准制度。设备主管部门应建立设备使用、点检、维修和校准的技术档案。工装主管部门应对主要工装建立使用维修技术档案。

5.3.5 控制点的设备、工装应重点控制，以尽量减少设备及工装的误差引起的质量波动。

5.4 环境。

5.4.1 环境条件(厂房内的温度和湿度、冷却介质的温度和压力、压缩空气的压力、施工现场的风速等)应满足工艺技术文件的要求。

5.4.2 作业场所应配置有效的进、排风系统及安全技术措施，厂房空气中有害物质的最高浓度应符合有关规定。

5.4.3 应对车间一些不重要的噪声源设施(如通风机、鼓风机、空气压缩机等)采取适宜的减噪或隔音措施，以控制车间的环境噪声在85分贝以下(脉冲声除外，但应进行适当控制)。

5.4.4 车间应有良好的自然采光或照明，操作工位应有足够的照明度。

5.4.5 含有害物质的废水、废气、废渣必须进行有效的净化处理，“三废”排放标准应符合国家对环境保护的有关规定。

5.4.6 车间应配置必要的安全、防护设施，作业场地必须遵守防火和技术安全制度的规定。

5.5 工艺材料。

5.5.1 工艺材料的采购文件应明确规定物品规格、材质和技术要求。必要时，还应提出质量保证的要求。

5.5.2 重要工艺材料应严格按规定的技术要求择优定点采购，采购部选点时，必须经质量管理部门组织有关部门人员对供应厂进行质量考察，并经试用验证认可后才能定点。

5.5.3 进厂工艺材料必须有制造单位的合格证明文件，主要材料必须按规定复验，无合格证或复验不合格的材料禁止入库和使用。

5.5.4 超过保管期限的材料必须按规定重新复验，办理延期使用文件，经审批后方可使用。

5.5.5 应提供符合使用要求的贮存场所和配套设施，并建立严格的保管、标志、发放、使用和回收制度。

5.5.6 使用中的各种槽液、介质等材料必须按技术文件的要求进行定期分析，保证其成分在规定的范围内。对不符合技术要求的槽液和介质等应进行调整或更换，不合格者不准用于生产。

5.5.7 采用新牌号的重要工艺材料应进行试验及生产验证，提出试验验证报告，经主管部门组织鉴定审批后方可使用。

5.6 被加工物资。

5.6.1 转入本工序的被加工物资(原材料、毛坯、半成品等)，必须符合技术文件的规定，并具有合格证明文件。必要时，需附有所要求提供的化学成分、机械性能及检测数据等技术资料，或进行抽查复验。

5.6.2 制定适用于本厂生产要求的外购物资标准，规定物资规格和技术要求，以及进厂入库的取样、检验项目和方法。

5.6.3 重要的外购物资应择优定点采购，并进行进厂复检。必要时，应对供应厂进行质量保证能力的考察和监督，并建立合格供方的技术质量档案。

5.6.4 应建立进料验证、入库、保管、标志、发放制度，并认真执行。

5.7 质量检验。

5.7.1 应规定工艺质量标准，明确技术要求，检验项目，项目指标、方法、频次、仪器等要求，并在工序流程中合理设置检验点，编制检验规程。

5.7.2 按技术要求和检验规程对半成品和成品进行检验，并检查原始记录是否齐全，填写是否完整。检验合格后应填写合格证明文件并在指定部位打上合格标志(或挂标签)。

5.7.3 严格控制不合格品，按规定程序进行处理；不合格品的处理应按规定程序审批，并按有关规定返修、返工和重新检验；回用件应打上回用标志，回用、返修单据作为质量信息流转、存档。对待验品、合格品、返修品、废品应加以醒目标志，分别堆放或隔离。

5.8 质量信息的反馈和处理。

5.8.1 特殊工序的各种质量检验记录、理化分析报告、控制图表等都必须按归档制度整理保管，随时处于受检状态。

5.8.2 应编制和填写现场加工缺陷分类统计日报表及其他各种质量问题反馈单。对突发性质量信息应及时处理，填写相应表格。

5.8.3 应制定对后续工序(包括产品使用中)发现的特殊工序质量问题及时反馈、汇总和处理的制度，并认真执行。

5.8.4 应制定和执行质量改进制度，按规定的程序对各种质量缺陷进行分类、统计和分析，针对主要缺陷项目制订质量改进计划，并组织实施。必要时，应进行工艺试验，取得成果后纳入工艺规程。

第三节　产品分析试制管理

一、产品分析管理文本

（一）工艺管理规定

工艺管理规定

1　目的

为使工艺管理的内容、组织机构、发展规划、工艺定额、工艺装备、工艺性审查、工艺技术研究和开发等标准化，特制定本规定。

2　适用范围

本标准适用于本厂所有分厂和职能管理部门。

3　工艺管理的内容

3.1　根据工厂发展规划，编制工艺工作计划。

3.2　审查产品设计的工艺性。

3.3　对特殊结构的新产品进行工艺分析，拟订工艺方案。

3.4　编制和管理工艺文件。

3.5　设计工艺装备。

3.6　制定材料工艺定额。

3.7　开展工艺试验。

3.8　组织开展工艺方面的技术革新、合理化建议、新技术的推广和交流。

3.9　做好生产现场的技术服务工作。

3.10　设立工序质量控制点，并组织编制有关文件。

3.11　组织工艺验证，参加工艺装备验证。

3.12　制定与贯彻工艺标准。

4　组织机构

4.1 总工程师负责领导全厂的工艺工作，下设一名副总工程师分管全厂的工艺工作。

4.2 工厂设置工艺处、锻冶处。工艺处、锻冶处为工艺管理的专职机构，在分管副总工程师领导下分别负责产品冷热加工工艺的设计和管理工作。

4.3 各分厂设立技术组，负责本分厂的工艺工作和工艺管理工作，在业务上分别受工艺处、锻冶处领导。

5　编制工艺技术发展规划

5.1 工艺技术发展规划是厂发展规划的组成部分，也是进行技术改造的依据，由总工程师组织工艺处、锻冶处共同编制。

5.2 编制工艺技术发展规划，要从提高工艺与工艺装备水平出发，系统考虑与解决同工艺发展相关的问题，如新产品开发、新材料试验、安全、节能、解决技术关键、改善劳动条件等问题。在充分调查研究和技术论证的基础上，根据需要和可能，编制出可行的规划。其主要内容包括：

5.2.1 提高产品质量与产量，扩大品种的工艺措施方案。

5.2.2 采用新工艺、新技术，提高制造技术水平的发展规划。

5.2.3 技术关键的解决方案。

5.2.4 工艺过程的改进和工艺组织措施方案。

6　产品工艺性审查

6.1 对产品的结构、采用材料及产品工艺性进行审查，以保证产品设计的合理性和工艺的可能性。对工艺性提出意见，需要设计部门修改时，应做好记录，并书面通知设计部门。没有不同意见时，审查后应履行签字手续。

6.2 掌握国内外同类产品的制造技术动态，提出稳定提高产品质量的工艺措施。

6.3 工艺审查中，产品设计和工艺之间意见有分歧时，由总工程师作出决定。

7　工艺过程和工艺规程

7.1 工艺过程是编制工艺规程和组织生产的依据和指导性文件，由工艺处、锻冶处编制，经总工程师批准。

7.2　工艺规程是指导加工操作的基本技术文件，是编制和管理劳动工时定额的依据。产品在制造过程中都必须有相应的工艺规程。工艺规程主要包括：加工规范、加工技术条件、工艺卡、工艺图、工序卡、作业指导书、工艺守则等。冷、热工艺规程的编制，分别由工艺处和锻冶处负责。工序卡、作业指导书、工艺守则的编制，由分厂技术组负责。

7.3　工艺规程要简明、易懂、适用，并应具有完整性。

8　材料工艺消耗定额

8.1　材料工艺消耗定额必须先进合理，数据准确。

8.2　材料工艺消耗定额由工艺处编制。

8.3　因产品设计更改、工艺改进或节约措施的实现，应及时修改材料工艺消耗定额。临时性材料代用，不予修改，须做好记录备考。样品试制，可编制材料估算定额。

9　工艺装备

9.1　工艺装备要结构合理、技术先进，保证加工产品质量的稳定性和加工效率。

9.2　冷、热工艺装备，分别由工艺处、锻冶处设计，或委托分厂技术组设计；分厂技术组编绘的图纸须经工艺处或锻冶处审批后方为有效。

9.3　工艺装备的设计和制造，应纳入工厂生产技术准备计划。

9.4　工艺装备的设计应力求标准化、系列化、通用化。对结构复杂、精度较高的工艺装备应先进行验证。未经验证合格，不得移交生产。验证工作由工具管理部门牵头，工艺装备设计、制造、检验部门及使用单位参加验证，并会签。

10　工艺技术研究和开发

10.1　工艺处、锻冶处负责企业生产技术和工艺技术的开发研究、移植工作，推广和消化新工艺、新材料、新装备、新技术成果。

10.2　了解国内外同行业先进工艺技术动态，明确企业工艺技术的研究开发方向。

11　检查与考核

11.1 本规定由工艺处负责组织检查与考核。

11.2 本规定的贯彻执行情况，每半年检查一次，并将检查结果报主管领导。

（二）工艺、工艺装备验证管理规定

工艺、工艺装备验证管理规定

1　目的

使工艺、工艺装备验证管理有章可循。

2　适用范围

适用于本厂工艺、工艺装备验证管理。

3　定义

工艺、工艺装备验证：通过小批量试制来验证工艺条件，工艺装备、设备，检测手段的正确性、合理性和适应性，以满足批量生产的要求和确保产品质量。

4　职责

4.1 生产部负责验证计划。

4.2 工艺部负责工艺、工装的资料管理。

4.3 品质部负责工艺、工装的验证。

4.4 物控部负责物料供应。

5　管理规定

5.1 验证项目确定。

5.1.1 根据企业生产的特点，对技术成熟、通用性强与已批量生产的产品结构相似的新产品，可不进行工艺、工艺装备验证。

5.1.2 对设计结构有重大改进的新产品，投产前必须进行小批量试制及工艺、工艺装备验证。

5.1.3 工艺有重大改进，或新工艺、新技术、新材料、新设备纳入生产而引起产品工艺方案和工艺路线有重大变化，必须进行小批量试制及工艺、工艺装备验证。

5.1.4 企业可根据实际情况只对关键零件或关键工序进行工艺、工艺装备验证。

5.2 验证方法。

5.2.1 工艺、工艺装备验证采用现场验证的方法，一般情况下，工艺验证与工艺装备验证同时进行。

5.2.2 按工艺、工艺装备复杂程度，验证可分为重点验证和一般验证。

5.3 组织形式。

5.3.1 工艺、工艺装备验证应由工艺处负责组织，质检处、设备工具处、生产分厂、工具分厂参加，组成工艺、工艺装备验证组。

5.3.2 一般验证时，工艺员、工艺装备设计人员、分厂设备员、检验员及操作工人共同进行跟踪验证。对于重点验证，除上述人员参加外，工艺部门及分厂领导都应参加验证。

5.4 验证程序。

5.4.1 制订验证实施计划。

5.4.1.1 工艺处根据生产部下达的作业计划，结合零件的生产进度要求，编制工艺、工艺装备验证计划，经总工程师或主管工艺的副总工程师和生产副厂长审批后，下发至生产分厂及有关部门，以保证验证计划实施的完整性和有效性。

5.4.1.2 验证实施计划的内容包括：

(1)主要验证项目及验证目的。

(2)验证技术文件的准备。

(3)确定组织措施及参加验证成员。

(4)时间安排及费用预算。

5.4.2 验证前准备。

验证前各有关部门应按验证实施计划做好以下各项准备工作：

5.4.2.1 生产部门负责下达验证计划。

5.4.2.2 工艺部门负责提供验证所需的工艺文件和有关资料，并对关键工艺(工序)提供应采取的措施手段、工艺方法。

5.4.2.3 工具部门提供所需的全部工艺装备。

5.4.2.4 物控部门和生产部门应准备好验证所需的全部材料和毛坯。

5.4.2.5 品质部门应做好检查准备。

5.4.2.6 生产部门应做好试生产准备。

5.4.3 验证过程。

5.4.3.1 验证过程中，有关工艺和工艺装备设计人员必须到生产现场进行跟踪，发现问题要及时解决，并要详细记录问题发生的原因和解决措施，以此作为修改工艺的主要依据。

5.4.3.2 验证时，必须严格按工艺文件要求进行试生产。

5.4.3.3 验证时，如发现工艺及工艺装备有问题，应立即停止操作。验证组根据情况决定工艺、工艺装备验证是否继续进行或采取改进措施。

5.4.3.4 验证过程中，验证组要认真听取生产操作者的合理化意见，对有利于改进工艺、工艺装备的建议要积极采纳。

5.4.4 验证总结与鉴定。

5.4.4.1 小批量试制结束后，由验证组写出工艺、工艺装备验证报告，内容包括：

(1)产品型号名称。

(2)验证前工艺、工艺装备的准备工作，验证中关键工艺(工序)、工艺装备应采取的措施手法及工艺方法。

(3)试生产的数量及时间。

(4)工艺、工艺装备验证情况分析，包括与国内外同类产品工艺水平对比分析及经济效益等。

(5)验证结论。

(6)对今后批量生产的意见和建议。

(7)验证鉴定结论、意见。

5.4.4.2 工艺、工艺装备验证报告一式三份，分别交工艺处、生产分厂及工具分厂，工艺处应妥善保存。

5.4.4.3 工艺、工艺装备验证报告必须有验证组起草成员签字，并须涉及人员或单位进行会签。起草者必须对报告的正确性、真实性负全部责任。

5.4.5 验证鉴定。

5.4.5.1 一般来说，新结构的产品由企业总工程师或委托工艺处负责人主持召开由各有关部门和生产分厂参加的工艺、工艺装备验证鉴定会，根据工艺、工艺装备验证总结报告和各有关方面意见，确定该产品工艺、工艺装备检验是否合格，可否进行批量生产，并写出鉴定意见和结论。参加鉴定会的各有关方面负责人应在“工艺、工艺装备验证报告”会签栏内签字。

5.4.5.2 对纳入上级主管部门验证计划的重要产品，在通过企业鉴定后，还须报请上级主管部门，由下达验证计划的主管部门组织验收。

5.5 检查与考核。

5.5.1 本标准由工艺处负责组织检查与考核。

5.5.2 本标准的贯彻执行情况，每半年检查一次，并将检查结果报主管领导。

（三）工艺装备图纸及明细表设计、修改、审批规定

工艺装备图纸及明细表设计、修改、审批规定

1 目的

本标准规定了工艺装备设计的基本要求、设计依据、明细表编制、责任制、整顿修改、存档等事项，以致工艺装备图纸管理得到完善。

2 适用范围

本标准适用于本厂工艺装备图纸及明细表设计及管理。

3 术语

3.1 工艺装备：它是按工艺规程加工产品中所需要的各种工具和附加装置，是工具、夹具、刃具、量具、模具、检具、辅助工具和工位器具的总称。工艺装备分通用工艺装备和专用工艺装备两大类。通用工艺装备一般可外购。本标准所指工艺装备是专用工艺装备，由本厂自制。

3.2 工艺装备设计：它是工艺工作的重要组成部分，对贯彻工艺规程、保证产品质量、提高生产效率、降低成本、提高经济效益起着重要的作用。

4　工艺装备设计的基本要求

4.1 正确确定工艺装备的数量(工艺装备系数)。在满足工艺规程要求的前提下，尽量减少工艺装备数量。

4.2 不断提高工艺装备的继承性(继承性系数)，尽量扩大使用范围和通用化。

4.3 不断提高工艺装备的标准化水平：

4.3.1 设计图纸必须符合国家标准和行业、企业标准，如机械制图、公差与配合、形位公差、表面粗糙度、材料等均应符合国家标准和行业、企业有关标准的规定。

4.3.2 设计工艺装备中的零部件要采用标准件、通用件。

4.3.3 工艺装备设计要提高零部件的标准化系数，常用和通用性强的工艺装备及零部件，要有工艺装备设计标准和标准工艺装备图纸，相同的零部件不得重复出图。

4.4 工艺装备设计要满足工艺规程的要求，做到保证质量、安全生产、操作方便、使用可靠。

4.5 工艺装备设计要提高经济效益。除通过标准化、系列化、通用化来提高经济效益外，还必须按下列要求达到提高经济效益的目的：

4.5.1 结构力求合理，操作方便，提高工作效率。

4.5.2 零部件具有良好的制造工艺性，容易制造，在满足工艺规程要求的前提下，各零部件要选用“经济公差”。

4.5.3 在满足使用要求的前提下，尽量选用价格便宜的原材料和耐用材料，材料的选用要立足于国内。

4.5.4 要考虑较长的使用寿命，消耗件要充分考虑翻新、改制、重复使用的可能性。

5　设计工艺装备的依据

5.1 设计工艺装备时，要依据各种有关的标准，如机械制图、零件结构要素、公差与配合、形位公差、表面粗糙度、材料、夹具零件通用、刃具、磨具、量具等各种标准，并要依据各种工艺装备设计标准。

5.2 设计工艺装备时，要依据产品图纸和工艺规程等资料。主要有：

5.2.1 产品图纸和产品技术标准。

5.2.2 工艺过程卡、工艺卡、工序卡、工艺图(工艺尺寸表)、切削规范、工序技术条件等。

5.3 设计工艺装备时，要根据机床说明书。

5.4 新产品和新工艺所需要的新型工艺装备，要根据工艺装备设计技术任务书或工艺方案进行设计。

6 工艺装备图纸的设计与审批

6.1 常用工艺装备要根据工艺文件规定的设备及夹紧方式的示意符号，以及加工部位、工序图、工艺图纸、机床说明书等进行全部的工艺装备设计。

6.2 新型工艺装备要根据工艺装备设计技术任务书的要求进行技术设计和工作图设计。每一设计阶段都要进行审查。

6.3 为提高工艺装备的标准化、系列化、通用化水平，要由专业工艺装备设计负责人组织编制工艺装备设计标准、标准工艺装备图纸、工艺装备中的标准零件、通用零件图册、更换的专用件图册、工艺装备制造技术条件等。

6.4 工艺装备设计的审批程序见下表。

序号	工艺装备类别	设计	校对	标审	审核	批准	备注
1	工艺装备设计标准、标准工艺装备图纸、工艺装备制造技术条件	√	√	√	√	√	
2	标准零部件与通用零部件图册，更换的专用件图册	√	√	√	√		
3	新型工艺装备：技术设计总图、零部件图	√	√	√	√		
4	常用工艺装备：总图、零部件图	√	√	√	√		
5	各类工艺装备明细表	√	√	√			
6	磨料、磨具明细表	√	√	√			

7　工艺装备明细表的编制

7.1 工艺装备明细表是进行生产技术准备的指导性技术文件。在设计工艺装备时，应同时编制工艺装备明细表。

7.2 工艺装备明细表可根据工艺装备的分类、通用程度和工艺规程分别编制。可以按产品型号编制，也可以按工序编制。总的原则是：既要方便使用和管理，又要减少编制的重复工作量。

7.3 工艺装备明细表应包括：工序名称(工序号)，工艺装备名称、规格或尺寸、数量、图号等内容。

8　各级人员的责任制

8.1 设计者对图纸的正确性负全部责任。

8.2 校对者对图纸的所有标注负全部校对责任。

8.3 标准审核者由专业标准化人员担任，对图纸负标准化、系列化、规范化审查的责任。

8.4 审核者由工艺、工艺装备设计负责人或部门主管负责人担任。对图纸是否符合国家的技术政策，是否符合发展方向，以及经济效益等原则性负责任。

8.5 批准者为主管厂长或总工程师，对图纸是否符合国家的经济政策、技术政策、国家标准和设计原则的正确性负责任。

9　工艺装备图纸及明细表的修改

9.1 在下列情况下，工艺装备图纸及明细表应进行修改：

9.1.1 因产品设计及产品技术标准改变而使工艺装备改变时。

9.1.2 因工艺改进而需改变工艺装备时。

9.1.3 因推广新工艺、新技术，更新和改造设备而使工艺装备发生变化时。

9.1.4 贯彻新标准时。

9.1.5 改进工艺装备设计时。

9.1.6 发现设计错误时。

9.1.7 工艺装备图纸整理时。

9.2 工艺装备图纸的修改程序与原图纸的审批程序相同，并由原设计者

（或单位）负责修改，其他任何人不得擅自修改。

9.3 工艺装备图纸的修改，应按规定的格式填写“图纸更改单”，按工艺装备图纸的原审批程序由各级人员签字后生效。

“图纸更改单”一式四份，一份自存，一份交档案室，一份交工艺装备制造单位，一份交工艺装备使用单位。

9.4 修改工艺装备图纸时，由修改者持“图纸更改单”负责修改本单位保存的蓝图和档案室保存的底图；由档案室专职改图员持“图纸更改单”负责修改其他单位保存的蓝图。凡经修改的工艺装备图纸，均须取得存图单位的承认。

修改者对错改和漏改负全部责任。

9.5 工艺装备图纸的修改方法；凡修改后仍能保持工艺装备图纸正确、清晰时，允许在被修改处画杠，或打“×”（但必须看清原来的标注，不允许将原处涂抹或刮掉），在附近填写改后的内容，并同时在修改内容的右上角标注更改序号的标记（更改序号的标记为：①、②、③…）。

如图面不能保持正确、清晰时，由修改者重新制图，档案室负责换图，原底图由档案室负责保管。

9.6 因产品设计和产品技术标准的改变而使工艺装备需修理或报废时，按产品设计部门的规定执行。凡因工艺文件及其他原因修改工艺装备图纸而使工艺装备需修理或报废时，由修改者（单位）提出处理意见和交替办法，由工艺部门主管负责人批准（必要时须经总工程师或主管厂长批准）后执行。

9.7 属于设计错误，必须立即修改的，各单位见到经审批生效的“图纸更改单”，应同意修改。如因拒绝修改而造成严重后果，应由拒绝者负责。

对于因设计错误而造成重大损失的，要按事故进行处理。

9.8 工艺装备图纸的修改，如涉及工艺装备明细表也须随之修改时，应同时修改工艺装备明细表。

9.9 工艺装备图纸作废与修改的手续相同。

10　工艺装备图纸及工艺装备明细表的整理

10.1 工艺装备图纸及工艺装备明细表须保持正确、统一、完整，因此，工艺装备图纸及工艺装备明细表的整理是工艺装备设计的正常工作内容。

10.2 由于工艺装备设计标准、工艺装备图纸及工艺装备明细表整理使工艺装备发生变化时，要列出整理前后的差异表，并提出使用工艺装备的交替办法，经主管厂长或总工程师批准后作为“修改许可书”的附件发往有关单位执行。

10.3 工艺装备图纸及工艺装备明细表整理，如经修改后仍能保持图面正确、清晰时，可在原图上修改；如不能满足上述要求时，则需要换新图。

10.4 工艺装备图纸及工艺装备明细表整理的修改手续相同，只是在修改登记栏内的“修改书号”一栏写“整理”或“ZD”字样，以区别于生产过程中的修改。

11　工艺装备图纸的档案

11.1 工艺装备设计标准、工艺装备技术条件和重要的工艺装备图纸要建立技术档案，以便积累经验，便于查考。专业工艺装备设计部门在完成图纸或文件设计后，应将档案资料移交档案室保管。

11.2 工艺装备设计标准、工艺装备技术条件和重要的工艺装备图纸技术档案的主要内容有：技术任务书、技术设计资料、计算稿、工作白图、设计审查会议纪要、试验数据、验证鉴定文件、修改许可书、使用中发现重大问题的处理记录、整理记录等。

12　检查与考核

12.1 本规定由工艺处负责组织检查与考核。

12.2 本规定的贯彻执行情况，每半年检查一次，并将检查结果报主管领导。

二、产品试制管理文本

(一) 新产品试制鉴定管理办法

新产品试制鉴定管理办法

1 目的

使公司开发新产品的试制鉴定管理规范化，有章可循。

2 适用范围

新产品中的样品试制、小批试制。

3 管理规定

3.1 试制鉴定大纲的编制。

3.1.1 研发部根据设计任务书和相关的国际、国家、行业及企业标准，制定各种测试性能的标准方法及产品试验的要求和方法，编制试制鉴定大纲。

3.1.2 试制鉴定大纲应提出工艺、工装、设备、检测手段等与生产要求、品质保证及成本、安全、环保等相适应的要求。

3.1.3 品质部对试制鉴定大纲进行审核，并依品质管理相关规范进行必要的修改、补充。

3.1.4 试制鉴定大纲经技术副总经理(或总工程师)核准后生效。

3.2 样品鉴定作业。

由研发部、品质部对样品进行鉴定。

3.2.1 研发部自行审核设计图样的合理性、工艺性。

3.2.2 品质部依检验规范鉴定样品的合格性。

3.2.3 品质部审查新产品设计结构的合理性。

3.2.4 研发部、品质部明确样品应改进的事项，并评价是否可投入小批试制。

3.2.5 技术副总经理(或总工程师)对鉴定最后结论作出批示。

3.3 小批试制鉴定作业。

3.3.1 研发部审核设计图样的合理性、工艺性。

3.3.2 生产技术部审核产品生产工艺、工装夹具、各种技术资料的完备与可靠程度。

3.3.3 采购部审核物料供应、外购外协件定点定型情况。

3.3.4 生产部审核产品生产工艺的合理性、可靠性。

3.3.5 品质部审核产品的合理性，测试设备的合理性、可靠性。

3.3.6 各部门提出产品制造应改进的事项，确定产品是否可投入批量生产。

3.3.7 技术副总经理(或总工程师)对鉴定最后结论作批示。

3.4 设计整改作业。

试制与鉴定过程发现的设计问题点，由研发部负责做整改工作。

4 相关文件

新产品试制鉴定表。

(二)工艺装备管理流程

工艺装备管理流程

1 目的

保证工艺装备从设计、订货、检定、使用、维修和报废全过程按规定的方法和程序在受控状态下进行。

2 适用范围

适用于本企业工艺装备(包括模具、夹具等)的管理。

3 职责

3.1 设备科(归口部门)负责工艺装备的中购、制作、维修、报废等日常管理工作。

3.2 生产技术部负责组织新试制产品或技改革新的主要专用工艺装备的设计工作，负责作出工艺装备检定的最终结论。

3.3 采购部负责非自制工艺装备的采购或外协加工。

3.4　工艺装备由生产车间、品质部、生产技术部共同检定。

4　作业程序

4.1　工艺装备的设计。

4.1.1　生产技术部组织有关人员进行工艺装备的设计。

4.1.2　工艺装备设计图经PE部经理批准后生效。

4.2　工艺装备配置申请及实施途径。

4.2.1　新产品工艺装备和技改工艺装备的配置申请由生产技术部提出。

生产车间需增加工艺装备数量或更新其工艺装备时，生产车间应提出配置申请。

“工艺装备配置(改进)申请表”交PE部经理签署自制或外购意见，而后由设备科就自制或外购的落实签署意见(要落实完成时间)，最后交副总经理批准。费用超过1万元时，还需总经理批准。

批准后的“工艺装备配置(改进)申请表”由设备科保管，设备科应将批准后的“工艺装备配置(改进)申请表”复印后交相关部门。

4.2.2　自制的工艺装备设备由设备科制作并调试。

4.2.3　外购的工艺装备由设备科开“请购单”交采购部采购。工艺装备采购时，采购部应进行情况考察，必要时与工艺装备供应商签订合同(合同需副总经理签署)。

签订合同后，该工艺装备供应商即视为本公司的合格工艺装备供应商(工艺装备供应商出具的发票可视为合同记录)。

4.3　工艺装备的检定。

4.3.1　生产技术部对工艺装备的检定质量负主要责任，品质部、生产车间、设备科积极配合。所有新制工艺装备和技改后的工艺装备必须进行检定。未经检定的工艺装备不得投入生产。检定不合格的工艺装备返上调整，直至合格为止。

4.3.2　检定人员认真填写好“工艺装备检定报告”。“工艺装备检定报告”应复印一份送生产副总经理。

4.3.2.1　设备科负责调试状况的检查。

4.3.2.2　使用部门负责工艺装备运作状况(至少运作1天)的检查。

4.3.2.3 品质部负责工艺装备所制产品的检查。

4.3.2.4 生产技术部负责检定的最终结论。

4.3.3 投入生产的工艺装备，设备科应进行编号登记，记入“工艺装备台账”。

对于低值易耗的工艺装备，无须进行编号登记，无须记入台账。

4.4 在用工艺装备的分类。

4.4.1 按其重要度分为两类：Ⅰ类是重要工艺装备，Ⅱ类是一般工艺装备。

Ⅰ类工艺装备：对品质影响较大的工艺装备。

Ⅱ类工艺装备：没有特殊加工精度要求，对品质影响较小的工艺装备。Ⅰ类以外的工艺装备，作Ⅱ类工艺装备管理。

4.4.2 工艺装备分类确定由设备科负责。

4.5 工艺装备的使用与维护。

4.5.1 设备科负责编写必要的工艺装备操作与维护规程。

4.5.2 对安装调整好的工艺装备，操作人员应按要求正确使用，严禁违章操作，不得任意拆卸和自行修理工艺装备。

4.5.3 生产作业人员经常保持工艺装备的完好，做好日常清洁保养工作，根据要求定期对运动部位加注润滑油。

4.5.4 员工在工艺装备使用过程中发现工艺装备损坏，不能保证工序质量要求时，应开具“工艺装备检修单”及时通知设备科，由设备科进行维修。设备科不能维修的，设备科应及时报告，申请发外修理。

4.5.5 由设备科负责组织对Ⅰ类工艺装备定期检查一次(填写“工艺装备检定报告”)，检查Ⅰ类工艺装备的精度、外观质量以及使用性能等方面的状况(可通过试做或最近一次产品生产检查的情况得出结论)，并做好记录。

Ⅱ类工艺装备不做定期检修，随坏随修。

注意：特殊工序涉及的工艺装备执行4.5.6条款。

4.5.6 对特殊工序涉及的主要工艺装备，除塑胶模具一年检查一次外，其余的每一季度检查一次。检查时填写“工艺装备检定报告”。

4.6 工艺装备的改造及报废。

4.6.1 工艺装备在使用过程中，如需进行改进，生产部或其他部门及个人均可提出申请报生产技术部(应填写“工艺装备配置(改进)申请表”)，生产技术部应及时组织有关人员进行分析，确认是否有必要进行改进，如确有改进必要，应报生产副总经理批准。

4.6.2　对于取消和没有维修价值的工艺装备，使用部门填写“固定资产报废单”，经生产技术部、设备科确认，生产副总经理批准后予以报废。

5　支持性文件

5.1　“工艺装备编号方法”。

5.2　有关工艺装备、设备的维护保养规定。

6　记录

6.1　工艺装备台账(参考设备台账)。

6.2　工艺装备配置(改进)申请表。

6.3　工艺装备检定报告。

6.4　工艺装备检修单。

6.5　固定资产报废单。

(三) 技术图纸管理办法

技术图纸管理办法

1　目的

由于各项技术图纸种类、尺寸大小、张数不一，为使图纸整理、分类、编号、归档等事项都能被合理地管理，特制定本办法。

2　适用范围

凡本企业内使用的技术图纸管理，都依照本办法的规定管理。

3　技术图纸种类

3.1　原稿。

3.1.1　由研发部开发、设计、制作、修正和归档，其间的图纸编号，由研发部自行填写管理。

3.1.2 除电气线路图需提供厂商制作样品外，其余原稿图纸，均不对外借用，以确保原稿的完整性。

3.2 第二原稿。

第二原稿由原稿复制制作，此图纸供线路图标注尺寸用，在提供厂商制作样品后，归还研发部保管，以防原稿污损和遗失。

3.3 试作图纸。

3.3.1 零件的开发、设计，均需经过试作与检讨等过程，以降低模具的修改机会，缩短开模后的检讨时间。

3.3.2 试作图纸共计三份，研发部自留一份存档，另交采购部两份(其中一份给厂商)，图纸上须盖试作图纸的图章及发行图章。

3.3.3 试作图纸注明要项：

3.3.3.1 负责人。签设计者的名字。

3.3.3.2 试模数量。填写需求数量。

3.3.3.3 需要日期。即试作零件需求日期的注明。

[注]以上三项，均由研发部填写。

3.4 开模图纸。

3.4.1 零件经过试作及检讨合格后，即可发出开模图纸，以利于大量生产。

3.4.2 此图纸共计三份，研发部自留一份存档，另交采购部两份，图纸上须盖开模图纸的图章及发行图章。

3.5 检验图纸。

3.5.1 模具制作完成后所生产的模具样品，由厂商提供给采购部，再交给研发部详细检查，其结果若不通过，则发检验图纸两份，一份交研发部存档作追踪用，另一份由采购部门交给厂商，依图纸修改，其修改后的样品，再送检讨，直到通过为止。

3.5.2 其结果为通过时，发检验图纸两份，一份给品质部作零件进料检验之用，一份由研发部存档，图纸上须用红笔注明重要尺寸，品管单位于零件检验时，务必复核尺寸是否合格。

3.5.3 此图纸需盖检验图纸的图章及发行图章。

3.6 正式图纸。

3.6.1 此图纸的发出时机，在该零件经过量试后，已无问题时，才可发行。

3.6.2 共计七份，研发部一份，采购部两份(一份给厂商)，品质部一份，生产技术部一份，生产单位两份。

3.6.3 此图纸须盖生产图纸的图章及发行图章。

3.7 估价图纸。

3.7.1 一般零件的估价图纸。

3.7.1.1 如五金类、保利龙等，模具较为便宜的零件。

3.7.1.2 本图共计三份，全给采购单位作发包估价用。

3.7.1.3 此图纸须盖估价图纸的图章及发行图章。

3.7.2 模具估价图纸。

3.7.2.1 指塑胶射出成型的模具估价，其内容需注明模具材料使用材质等。

3.7.2.2 本估价图纸务必收回，以防开模期间拿错图纸，而造成需改尺寸的不正确情况。

3.7.2.3 本图共计三份，全给采购单位作发包估价用。

3.7.2.4 此图纸须盖模具估价图纸的图章及发行图章。

3.8 备料图纸。

3.8.1 模具估价完成后已决定制作厂商时，先发备料图纸供厂商备料用及模具粗胚加工用，以等待开模的图纸到来。

3.8.2 此图纸仅发一份给采购单位转交厂商。

3.8.3 此图纸须盖备料图纸的图章及发行图章。

3.9 设计变更图纸。

3.9.1 在零件已经确认合格，且已大量生产，或在模具开模期间尺寸需变更时。

3.9.2 设计变更图纸有三种变更形态：

3.9.2.1 变更：若尺寸从20毫米改为22毫米时，则尺寸有所变动，需于尺寸旁盖“变更”(红色)章，以利于厂商注意。

3.9.2.2 追加：原图纸没有，经过设计变更后为增加时，盖“追加”章。

3.9.2.3 修正：指尺寸不变，厂商制作错误需修正者，盖“修正”章。

3.9.3 以上各发行图纸，须盖设计变更图纸的图章及发行图章。

4 图纸管理规定

4.1 技术图纸尺寸。

本公司技术图纸尺寸(长×宽)规定如下(单位：毫米)：

4.1.1 A0——880×不限制。

4.1.2 A1——840×594。

4.1.3 A2——594×420。

4.1.4 A3——420×297。

4.1.5 A4——297×210。

4.2 图纸编号。

4.2.1 为使图纸在使用上、保管归档上利于作业，特以编号方式来管理。

4.2.2 例：D4——0001。

4.2.2.1 第一码D即Drawing，表示图号。

4.2.2.2 第二码表示图纸大小，如0表示A0，1表示A1，2表示A2，3表示A3，4表示A4。

4.2.2.3 最后为流水号码，自0001起至9999止。

4.3 图纸保管。

图纸的保管分原稿、第二原稿、蓝晒三部分，说明如下：

4.3.1 原稿及第二原稿由研发部存放保管。

4.3.2 蓝晒的图纸均会发给各单位及厂商，其图纸由各单位自行保管与存档，且各单位均须视图纸为机密文件，不得泄露给无关人员。

4.4 分送与发图。

4.4.1 图纸的分送及发图，由研发部将蓝晒份数完成后，先予以整理好，(依A4尺寸)盖发行图章及图纸的功能章(包括试作、检验、开模、正式等)后，并在发图登记簿内注明。

4.4.2 交由收图单位签收，收图单位自行处理蓝晒图纸的归档，或寄给厂商。

4.5 修正与更换。

如图纸因故需修改尺寸或设计变更时，由研发部补发新设计变更图纸及盖“变更”图章，以利区分。

第五章

研发部作业表单

第一节 新产品开发管理

一、产品设计管理表单

(一)企业设计研发计划

企业设计研发计划

产品名称	工作项目	执行单位	工作进度(月)														
			10	11	12	1	2	3	4	5	6	7	8	9	10	11	12
A产品	制造工艺设备	工具车间	—	—													
	小批试制	加工装配车间	—	—	—												
	小批试制鉴定	鉴定委员会				—											
	成批生产准备					—	—										
	产品设计	设计科				—	—	—									
	样品试制工艺准备	工艺科等					—	—	—								
B产品	样品试制与鉴定	试制车间等							—	—							
	小批试制工艺准备	工艺科								—	—	—	—				
	制造工装	工具车间										—	—	—			
	小批试制	加工装配车间								—	—	—	—	—	—	—	
	小批鉴定	鉴定委员会														—	
	成批生产准备																—
	产品设计	设计科								—	—	—	—	—	—		
C产品	样品试制准备	工艺科													—	—	—
	样品试制	试制车间															—
	样品鉴定	鉴定委员会															—

（二）产品设计开发计划书

产品设计开发计划书

项目名称：			项目来源：		
开发周期：			项目总负责人：		
设计人员组成：					
设计人员	职位	设计人员	职位	设计人员	职位
资源配置：					

阶段划分及主要内容		责任部门	责任人	完成时间
决策阶段	编制设计任务书			
	设计任务书的评审			
设计阶段	初步技术设计			
	初步技术设计评审			
	工作图设计			
试制阶段	样机试制及验证			
	工艺方案的编制			
	工艺方案评审			
	工艺文件、检验文件的编制			
	小批量试制准备			
	小批量试制			
	样机试验			
	编制产品试制总结报告			
	产品定型鉴定			
定型投产阶段	正式生产前的准备			
	转入正式生产			

备注：

编制日期：________　　审核日期：________　　批准日期：________

（三）产品设计任务书

产品设计任务书

产品型号：	产品名称：	
产品开发起止日期：	项目负责人：	目标成本：
依据的标准或法律法规（包括名称、编号、版本、章节号等）：		
产品功能描述：		
技术参数及性能指标：		
产品结构要求：		
顾客特殊要求： □无 □有，具体描述：		
其他要求：		
备注：		
会签评审：		

部门	评审人／日期	职位	部门	评审人／日期	职位

编制日期：	审核日期：	批准日期：

（四）设计变更申请书

设计变更申请书

提出	年　月　日	申请单位		确认		申请人	

项目	材料编号	名称	规格	材质	个／台	机种
新设						
追加						
变更						
废止						
个数变更						
……						
变更要点：						
研发部意见：						

（五）设计变更通知书

设计变更通知书

研发部：　　年　　月　　日发文　　　　　　　　　　　　　发文编号：

<table>
<tr><td>机种</td><td></td><td>变更
原因</td><td colspan="4">□降低成本　　□便利作业
□材料更换　　□工程问题改善</td></tr>
<tr><td colspan="2">变更前</td><td colspan="2">变更后</td><td colspan="3">变更前材料处理</td></tr>
<tr><td>料号</td><td>品名及规格</td><td>料号</td><td>品名及规格</td><td>呆料</td><td>报废</td><td>移用</td></tr>
<tr><td></td><td></td><td></td><td></td><td></td><td></td><td></td></tr>
<tr><td></td><td></td><td></td><td></td><td></td><td></td><td></td></tr>
<tr><td></td><td></td><td></td><td></td><td></td><td></td><td></td></tr>
<tr><td></td><td></td><td></td><td></td><td></td><td></td><td></td></tr>
<tr><td></td><td></td><td></td><td></td><td></td><td></td><td></td></tr>
</table>

<table>
<tr><td>生效时间</td><td>会签意见</td><td rowspan="4">变更简图：</td></tr>
<tr><td>□立即变更，半成品、成品一并修改
□尽快变更，半成品、成品不修改
□库存材料用毕变更
□自制造单号　　开始变更</td><td></td></tr>
<tr><td>随文附件</td><td></td></tr>
<tr><td>□变更零件明细表　　张　　份
□变更工程图纸　　张　　份
□变更线路图　　张　　份</td><td></td></tr>
</table>

<table>
<tr><td>生管</td><td>品管</td><td>生产</td><td>生技</td><td>厂务</td><td>研发</td><td>承办</td><td>页次：</td></tr>
<tr><td></td><td></td><td></td><td></td><td></td><td></td><td></td><td>总计：</td></tr>
</table>

（六）产品图样及设计文件签署规定表

产品图样及设计文件签署规定表

标题栏 / 签署 / 图样类别	设计	产品设计主管	校对	审核	产品工艺主管	标准化审查	批准	备注
零件图	设计员	产品主任设计师	产品主任设计师（或指定人员）	设计室主任	产品主任工艺师	标准化审查人员	/	
部件装配图	设计员	产品主任设计师	〃	〃	〃	〃	设计部门负责人	
产品总图（总装配图）	/	〃	〃	〃	〃	〃	设计部门负责人和总工程师	
产品设计文件								
标题栏 / 签署 / 图样类别	编制	产品设计主管	校对（审核）	审核	产品工艺主管	标准化审查	批准	备注
零件表	设计员	产品主任设计师	产品主任设计师（或指定人员）	/	产品主任工艺师	标准化审查人员	/	
标准件表	〃	〃	〃	/	〃	/	/	
部件目录表	产品主任设计师	〃	/	设计室主任	〃	标准化审查人员		
标准件总汇表	设计员（或产品主任设计师）	〃	产品主任设计师(或指定人员)	〃	/	〃	/	
外购件汇总表	〃	〃	设计室主任(或指定人员)	〃	/	/	/	应由采购部门会签
产品型号款式试验技术条件	产品主任设计师	〃	设计室主任	设计部门负责人	产品主任工艺师	标准化室主任	设计部门负责人和总工程师	应由质检部门会签
产品制造与验收技术条件	〃	〃	〃	〃	〃	〃	〃	〃
产品使用说明书	〃	〃	〃	〃	/	〃	〃	
方案设计说明书	〃	〃	〃	〃	/	〃		
技术设计说明书	〃	〃	〃	〃	/	/	〃	

（七）图样及技术更改通知单

图样及技术更改通知单

No.________

<table>
<tr><td colspan="2">文件号：</td><td>文件名：</td><td colspan="2">更改实施期限：　年　月　日</td><td colspan="2">共　页，第　页</td></tr>
<tr><td colspan="2">版序变化：由____版至____版</td><td>更改方式：□划改　□换新</td><td colspan="4">适用产品：</td></tr>
<tr><td colspan="7">修改原因：</td></tr>
<tr><td colspan="3">修改内容</td><td colspan="4">需同时更改的文件</td></tr>
<tr><td>修改前</td><td colspan="2">修改后</td><td colspan="2">文件编号</td><td colspan="2">版本变化</td></tr>
<tr><td rowspan="2"></td><td colspan="2" rowspan="2"></td><td colspan="2"></td><td colspan="2"></td></tr>
<tr><td colspan="2"></td><td colspan="2"></td></tr>
<tr><td colspan="3">更改评审结论及跟踪措施</td><td colspan="4" rowspan="2">分发至下列部门</td></tr>
<tr><td>对产品的影响</td><td>生产准备</td><td>制品处理</td></tr>
<tr><td rowspan="8">□对交付的产品及其组成部分无不利影响
□其他：</td><td rowspan="8">□不需要准备，可立即执行
□完成日期：___年___月___日
□其他：</td><td rowspan="8">□库存及半成品共____件，全部报废
□库存及半成品共____件，用完为止
□库存及半成品共____件，整修后再用
□其他：</td><td>部门</td><td>份数</td><td>部门</td><td>份数</td></tr>
<tr><td>生产技术部</td><td></td><td>仓库</td><td></td></tr>
<tr><td>生产部</td><td></td><td></td><td></td></tr>
<tr><td>采购部</td><td></td><td></td><td></td></tr>
<tr><td>质检部</td><td></td><td></td><td></td></tr>
<tr><td rowspan="3">会签</td><td>采购部</td><td>质检部</td><td>生产技术部</td></tr>
<tr><td>生产部</td><td></td><td></td></tr>
<tr><td></td><td></td><td></td></tr>
<tr><td colspan="2">修改人：</td><td colspan="2">审核：</td><td colspan="3">批准：</td></tr>
</table>

二、产品开发管理表单

（一）产品开发计划表

产品开发计划表

编号：

<table>
<tr><td>拟订开发产品名称</td><td></td><td>设计规范</td><td></td></tr>
<tr><td colspan="4">产品规范及说明：</td></tr>
<tr><td colspan="4">开发进度：</td></tr>
<tr><td colspan="2">研究人员</td><td colspan="2">预算</td></tr>
<tr><td colspan="2" rowspan="5">1.负责人：</td><td>项目</td><td>金额</td></tr>
<tr><td></td><td></td></tr>
<tr><td></td><td></td></tr>
<tr><td></td><td></td></tr>
<tr><td></td><td></td></tr>
<tr><td colspan="2" rowspan="8">2.参与人员：</td><td></td><td></td></tr>
<tr><td></td><td></td></tr>
<tr><td></td><td></td></tr>
<tr><td></td><td></td></tr>
<tr><td></td><td></td></tr>
<tr><td></td><td></td></tr>
<tr><td></td><td></td></tr>
<tr><td></td><td></td></tr>
</table>

批示：　　审核：　　制表：

(二)新产品开发报告

新产品开发报告

□改良 □设计　　　　产品编号：

<table>
<tr><td>产品名称</td><td></td><td>设计规范
改良重点</td><td colspan="2"></td></tr>
<tr><td>研究人员</td><td colspan="2"></td><td>完成日期</td><td></td></tr>
<tr><td colspan="2">开发进度：</td><td colspan="2">产品特点说明：</td><td>制造过程：</td></tr>
<tr><td colspan="2">支出费用：</td><td colspan="2">成本估计：</td><td>其他部门意见：</td></tr>
<tr><td>附件</td><td colspan="4">产品开发报告　　页，设计　　张，试制样品　　件</td></tr>
</table>

核准：　　　　审核：　　　　填表：

（三）新产品技术任务书

新产品技术任务书

<table>
<tr><td>产品名称</td><td colspan="4"></td><td>产品编号</td><td></td></tr>
<tr><td>可行性与必要性分析</td><td colspan="6"></td></tr>
<tr><td>产品用途</td><td colspan="6"></td></tr>
<tr><td>产品外形图或照片</td><td colspan="4"></td><td>产品工作原理</td><td></td></tr>
<tr><td>主要性能指示</td><td colspan="4"></td><td>与同行比较优缺点</td><td></td></tr>
<tr><td rowspan="3">预期标准化系数</td><td>项目</td><td>系数</td><td>国际</td><td>比较</td><td rowspan="3">关键技术解决办法</td><td></td></tr>
<tr><td></td><td></td><td></td><td></td><td></td></tr>
<tr><td></td><td></td><td></td><td></td><td></td></tr>
</table>

<table>
<tr><td rowspan="4">开发周期</td><td colspan="2">可行性分析</td><td colspan="2">产品设计</td><td colspan="2">模具制作</td><td colspan="2">样品试制鉴定</td><td colspan="2">小批试制鉴定</td><td colspan="2">产品评审</td><td colspan="2">量产导入</td></tr>
<tr><td>起</td><td>讫</td><td>起</td><td>讫</td><td>起</td><td>讫</td><td>起</td><td>讫</td><td>起</td><td>讫</td><td>起</td><td>讫</td><td>起</td><td>讫</td></tr>
<tr><td></td><td></td><td></td><td></td><td></td><td></td><td></td><td></td><td></td><td></td><td></td><td></td><td></td><td></td></tr>
<tr><td></td><td></td><td></td><td></td><td></td><td></td><td></td><td></td><td></td><td></td><td></td><td></td><td></td><td></td></tr>
<tr><td>费用预计</td><td colspan="14"></td></tr>
<tr><td>备注与说明</td><td colspan="14">（注：本栏不够填写可另附纸说明）</td></tr>
</table>

核准：　　　　　　　　审核：　　　　　　　　制表：

(四)新产品开发评价表

新产品开发评价表

<table>
<tr><th colspan="2">品名</th><th colspan="2">产地</th><th>规格</th></tr>
<tr><td colspan="2"></td><td colspan="2"></td><td></td></tr>
<tr><td colspan="5">同类产品销售状况:</td></tr>
<tr><td colspan="5">包装与市价:</td></tr>
<tr><td colspan="5">促销方式:</td></tr>
<tr><td colspan="5">行销路线:</td></tr>
<tr><td colspan="5">进货路线:</td></tr>
<tr><td colspan="5">市场潜力:</td></tr>
<tr><td colspan="5">报告人简要说明:</td></tr>
<tr><td rowspan="2">相关部门意见</td><td>国外部</td><td colspan="2">事业部</td><td>门市部</td></tr>
<tr><td></td><td colspan="2"></td><td></td></tr>
</table>

总经理: 事业部: 主管: 制表:

(五)新产品开发进度一览表

新产品开发进度一览表

序号	产品名称	产品编号	新产品类型			负责人	可行性分析		产品设计		模具制作		厂商开发		样品试制		小批试制		量产导入	
			技改	移转	开发		起	讫	起	讫	起	讫	起	讫	起	讫	起	讫	起	讫

（六）新产品试制鉴定表

新产品试制鉴定表

产品名称		产品编号	
试制类型	□小批试制 □样品 目的：________		
研发部意见	审核： 鉴定人：		
生产技术部意见	审核： 鉴定人：		
采购部意见	审核： 鉴定人：		
生产部意见	审核： 鉴定人：		
品质部意见	审核： 鉴定人：		
结论	审核： 鉴定人：		

（七）新产品评审表

新产品评审表

<table>
<tr><td>产品名称</td><td></td><td>产品编号</td><td></td><td>产品类型</td><td></td></tr>
<tr><td rowspan="2">技术资料评审</td><td colspan="5">开发部意见：
审核：　评审：</td></tr>
<tr><td colspan="5">生产技术部意见：
审核：　评审：</td></tr>
<tr><td rowspan="4">模具评审</td><td>研发部</td><td colspan="4">□合格　□不合格，________________　评审：</td></tr>
<tr><td>生产技术部</td><td colspan="4">□合格　□不合格，________________　评审：</td></tr>
<tr><td>生产部</td><td colspan="4">□合格　□不合格，________________　评审：</td></tr>
<tr><td>质检部</td><td colspan="4">□合格　□不合格，________________　评审：</td></tr>
<tr><td rowspan="2">工艺评审</td><td colspan="5">生产技术部意见：
审核：　评审：</td></tr>
<tr><td colspan="5">生产部意见：
审核：　评审：</td></tr>
<tr><td>品质评审</td><td colspan="5">质检部意见：
审核：　评审：</td></tr>
<tr><td>结论</td><td colspan="5">技术副总经理批示：
批示人：</td></tr>
</table>

(八)产品试制通知单

产品试制通知单

No.

<table>
<tr><td>产品型号:</td><td colspan="2">产品名称:</td><td colspan="2">试制数量:</td></tr>
<tr><td colspan="3">试制类别:□样机 □小批量 □产品改进 □其他:</td><td colspan="2">试制起止时间:</td></tr>
<tr><td colspan="3" rowspan="10">试制的内容及对各部门的要求:</td><td>发往部门</td><td>份数</td></tr>
<tr><td>采购部</td><td></td></tr>
<tr><td>生产部</td><td></td></tr>
<tr><td>质检部</td><td></td></tr>
<tr><td>生产技术部</td><td></td></tr>
<tr><td>样机组</td><td></td></tr>
<tr><td>副总经理</td><td></td></tr>
<tr><td>A 车间</td><td></td></tr>
<tr><td>B 车间</td><td></td></tr>
<tr><td>……</td><td></td></tr>
<tr><td>编制/日期:</td><td>审核/日期:</td><td colspan="3">批准/日期:</td></tr>
</table>

第二节 产品技术研究管理

一、产品设计管理表单

（一）图纸管理表

图纸管理表

分类： 页次：

序号	图纸编号	发行日期	发行部门						修订履历			
			研发部	生产技术部	物控部	生产部	质检部	总经理	①	②	③	④

(二)工艺图纸样式表

工艺图纸样式表

图样:

修订记录:

日期	主要内容	备注

<table>
<tr><td colspan="3">公司名称:</td><td rowspan="7">说明:</td></tr>
<tr><td colspan="2">产品名称:</td><td rowspan="2">标记:</td></tr>
<tr><td colspan="2">产品型号:</td></tr>
<tr><td colspan="2">图纸编号:</td><td>版次:</td></tr>
<tr><td>图纸类别:</td><td rowspan="2">部品编号:</td><td>绘制:</td></tr>
<tr><td>计算单位:</td><td>审核:</td></tr>
<tr><td>公差:</td><td>日期:</td><td>批准:</td></tr>
</table>

（三）工序分析表

工序分析表

表格题目							日期			
作业名称		流程	机器名称	距离（米）	时间（分）	人员（人）	工序记号			
							○	⇨	□	▽
合　计										
布局图示：										

（四）产品结构工艺性审查记录表

产品结构工艺性审查记录表

共　页，第　页

产品型号		零（部）件图号	
产品名称		零（部）件名称	

主要问题及部位	修改意见	处理结果

工艺		设计		其他	

注：①“产品型号”等四栏，按设计图样填写。

②“工艺”栏为负责审查的工艺人员签字。

③“设计”栏为设计人员签字。

④根据需要增加签署项目。

（五）技术变更申请书

技术变更申请书

<table>
<tr><td>提出日期</td><td colspan="2">年　月　日</td><td>申请部门</td><td></td><td>申请人</td><td></td><td>审核</td><td></td></tr>
<tr><td colspan="2">项目</td><td>材料编号</td><td>名称</td><td>规格</td><td>材质</td><td colspan="2">个／台</td><td>机种</td></tr>
<tr><td colspan="2">新设</td><td></td><td></td><td></td><td></td><td colspan="2"></td><td></td></tr>
<tr><td colspan="2">追加</td><td></td><td></td><td></td><td></td><td colspan="2"></td><td></td></tr>
<tr><td colspan="2">变更</td><td></td><td></td><td></td><td></td><td colspan="2"></td><td></td></tr>
<tr><td colspan="2">废止</td><td></td><td></td><td></td><td></td><td colspan="2"></td><td></td></tr>
<tr><td colspan="2">数量变更</td><td></td><td></td><td></td><td></td><td colspan="2"></td><td></td></tr>
<tr><td colspan="6">变更要点：</td><td colspan="3">略图</td></tr>
<tr><td colspan="9">生产技术部意见：</td></tr>
<tr><td colspan="9">质检部意见：</td></tr>
<tr><td colspan="9">研发部意见：</td></tr>
</table>

（六）技术变更通知单

技术变更通知单

产品名称		变更原因	□降低成本 □材料更换 □技术问题改善 □品质提升 □作业改善

变更前		变更后		变更前物料处理方式				
图纸位置	品名规格	图纸位置	品名规格	继续使用	加工后使用	转移使用	报废	暂存保留

生效时间	会签意见	变更简图
□立即变更，半成品、成品一并修改		
□尽快变更，半成品、成品不修改		
□库存物料用完后变更		
□自制造批号________开始变更		
随附资料		
□变更产品用料明细表 张 份		
□变更工程图纸 张 份		
□变更线路图 张 份		

主管	生产	质检	生产技术	研发	承办	页次	
						总计	

二、产品技术管理表单

（一）零件确认申请书

零件确认申请书

产品名称		零件名称	
申请部门		送样次数	第　　次送样
确认目的	□新机种材料　□工程变更材料　□代用材料　□开发第二供应商		
样品数		附件	□检验报告　　份　　□规格书　　份
申请理由：			

检验记录	检验项目	样品 1	样品 2	样品 3	样品 4	样品 5	样品 6	样品 7	样品 8

审核		采购		检验		生产	

（二）零件确认书

零件确认书

发行：　　年　　月　　日　　　　　　　　　　　　　　　　　编号：研　字第　号

<table>
<tr><td>料　　号</td><td colspan="20"></td></tr>
<tr><td>机　　种</td><td colspan="20"></td></tr>
<tr><td>厂商编号</td><td colspan="6"></td><td colspan="2">厂商</td><td colspan="12"></td></tr>
<tr><td>安全认定</td><td colspan="20">□是　　　　□否</td></tr>
<tr><td>临时承认</td><td colspan="6"></td><td colspan="2">量试</td><td colspan="12">台</td></tr>
<tr><td>正式承认</td><td colspan="20"></td></tr>
<tr><td rowspan="2">研 发 部</td><td colspan="5">认可</td><td colspan="5">核对 1</td><td colspan="5">核对 2</td><td colspan="5">主办</td></tr>
<tr><td colspan="5"></td><td colspan="5"></td><td colspan="5"></td><td colspan="5"></td></tr>
<tr><td rowspan="2">分发单位</td><td colspan="4">研发</td><td colspan="4">品管</td><td colspan="4">管理</td><td colspan="4">制造</td><td colspan="4">厂商</td></tr>
<tr><td colspan="4"></td><td colspan="4"></td><td colspan="4"></td><td colspan="4"></td><td colspan="4"></td></tr>
<tr><td colspan="14" rowspan="2">备注：</td><td colspan="7">确认章</td></tr>
<tr><td colspan="7"></td></tr>
</table>

（三）零件认可检验报告书

零件认可检验报告书

发文编号：　　　　　　　　　　　　　　　　　　　　发文日期：　　年　　月　　日

<table>
<tr><td>厂商名称</td><td></td><td>送验次数</td><td>第　次送验</td><td>送验日期</td><td>年　月　日</td></tr>
<tr><td>样品厂</td><td></td><td>附　　件</td><td colspan="3">□检验报告　份　□承认书或规格书　份</td></tr>
<tr><td>认可目的</td><td colspan="5">□新机种材料　□工程变更材料　□开发第三供应厂商　□代用材料</td></tr>
<tr><td>料　　号</td><td></td><td>品名规格</td><td></td><td>使用机种</td><td></td></tr>
<tr><td rowspan="2">使用仪器</td><td colspan="5"></td></tr>
<tr><td colspan="5"></td></tr>
<tr><td rowspan="2">测试条件</td><td colspan="5"></td></tr>
<tr><td colspan="5"></td></tr>
</table>

项次	测试项目	规格	No.1	No.2	No.3	No.4	No.5	平均值	判定
1									
2									
3									
4									
5									
6									
7									
8									

<table>
<tr><td colspan="8">备注：</td></tr>
<tr><td>结论</td><td colspan="7">□准予认可　□不予认可　□有条件认可
是否必须再送样品：□要　□不要</td></tr>
<tr><td>认可</td><td></td><td>核准</td><td></td><td>承办</td><td></td><td>备注</td><td></td></tr>
</table>

(四)设计用零件采购认可书

设计用零件采购认可书

发文编号:　　　　　　　　　　　　　　　　　　　发文日期:　　年　　月　　日

厂商名称		检讨报告文号	
品名规格		图纸号码	
材料号码		使用机种	
检查规格:			
进料检验规定:			
建议事项:			

认可		核准		承办		发文单位	
						受文单位	

（五）样品确认报告书

样品确认报告书

编号： 日期：

厂商名称		送验次数	第 次送验	送验日期	年 月 日
样 品 数					
认可目的	□新机种材料 □工程变更材料 □代用材料 □开发第二供应商				
料 号		品名规格		使用机种	
使用仪器					
测试条件					

项次	测试项目	规格	No.1	No.2	No.3	No.4	No.5	平均值	判定
1									
2									
3									
4									
5									
6									
7									

备注：

结论	□准予认可 □不予认可 □有条件认可 是否必须再送样品：□要 □不要

认可		核准		承办		备注	

(六)作业标准书

作业标准书

产品号		工序		工序名称		检验标准编号	

图示：	操作说明及注意事项：

检验项目			
项次	项目	规格	检验方法

使用物料	项次	名称	规格	数量	使用机具	项次	名称	规格	数量

标准工时		标准不良率	

制定			修订						发行				
	制作			符号						部门	质检	生产	生产技术
	审核			日期						签收			
	核准			修订									

注：本标准书由技术部制作，经厂长认可后施行；修订亦同。

（七）工艺图纸格式

工艺图纸格式

	产品名称			图纸编号			文件编号		共　页	
									第　页	
描图										
描校										
底图号										
						资料来源	编制	（签字）	（日期）	
装订号							校对			
							标准检查			
						编制部门	审核			
	标记	处数	更改文件号	签字	日期					

(八)工艺纪律检查记录表

工艺纪律检查记录表

车间： 年 月 日

<table>
<tr><td>班组</td><td></td><td>零件号
及名称</td><td></td><td colspan="2">工序号
及名称</td><td colspan="2"></td><td>设备
型号</td><td>操作者</td><td></td></tr>
<tr><td colspan="5">工艺纪律检验考核</td><td colspan="3">评价</td><td rowspan="2">违纪
工艺
因素
原因
说明</td><td colspan="2">主要责任</td></tr>
<tr><td>类别</td><td>序号</td><td>工艺因素项目</td><td>加权分</td><td>重要度</td><td>扣分系数</td><td>评分</td><td>结论</td><td>单位或人员</td><td>确认签字</td></tr>
<tr><td rowspan="13">操作者</td><td></td><td>合计</td><td>34</td><td></td><td></td><td></td><td></td><td></td><td></td><td></td></tr>
<tr><td>1</td><td>借用图纸工艺文件，保持整洁无损坏</td><td>3</td><td>B</td><td></td><td></td><td></td><td></td><td></td><td></td></tr>
<tr><td>2</td><td>阅读图或工艺文件并熟记本人加工尺寸部位</td><td>4</td><td>A</td><td></td><td></td><td></td><td></td><td></td><td></td></tr>
<tr><td>3</td><td>贯彻工艺执行“三按”生产(含工艺参数)</td><td>4</td><td>A</td><td></td><td></td><td></td><td></td><td></td><td></td></tr>
<tr><td>4</td><td>实行“自检”并做好记录</td><td>3</td><td>B</td><td></td><td></td><td></td><td></td><td></td><td></td></tr>
<tr><td>5</td><td>合理使用工艺装备及量检具，工艺装备清洁无积屑</td><td>3</td><td>B</td><td></td><td></td><td></td><td></td><td></td><td></td></tr>
<tr><td>6</td><td>零件码放整齐，按定置规定存放零件</td><td>3</td><td>B</td><td></td><td></td><td></td><td></td><td></td><td></td></tr>
<tr><td>7</td><td>工具箱清洁，工具定置</td><td>2</td><td>C</td><td></td><td></td><td></td><td></td><td></td><td></td></tr>
<tr><td>8</td><td>保持设备及附件清洁，无油污、锈蚀</td><td>2</td><td>C</td><td></td><td></td><td></td><td></td><td></td><td></td></tr>
<tr><td>9</td><td>已经考试合格，取得设备和工艺操作证</td><td>3</td><td>B</td><td></td><td></td><td></td><td></td><td></td><td></td></tr>
<tr><td>10</td><td>设备按规定进行日点检</td><td>3</td><td>B</td><td></td><td></td><td></td><td></td><td></td><td></td></tr>
<tr><td>11</td><td>保持责任卫生区清洁，无油、水、垃圾</td><td>2</td><td>C</td><td></td><td></td><td></td><td></td><td></td><td></td></tr>
<tr><td>12</td><td>按规定穿戴劳保用品，操作时不吸烟</td><td>2</td><td>C</td><td></td><td></td><td></td><td></td><td></td><td></td></tr>
<tr><td rowspan="4">机器设备</td><td></td><td>合计</td><td>9</td><td></td><td></td><td></td><td></td><td></td><td></td><td></td></tr>
<tr><td>1</td><td>按工艺文件规定使用设备</td><td>3</td><td>B</td><td></td><td></td><td></td><td></td><td></td><td></td></tr>
<tr><td>2</td><td>与本序加工质量直接有关的设备精度符合有关工艺文件要求或达到加工要求</td><td>4</td><td>A</td><td></td><td></td><td></td><td></td><td></td><td></td></tr>
<tr><td>3</td><td>设备附件齐全，清洁，按定置摆放</td><td>2</td><td>C</td><td></td><td></td><td></td><td></td><td></td><td></td></tr>
</table>

（续表）

工艺纪律检验考核					评价			违纪工艺因素原因说明	主要责任	
类别	序号	工艺因素项目	加权分	重要度	扣分系数	评分	结论		单位或人员	确认签字
工艺装备		合计	9							
	1	按工艺文件规定使用工艺装备	3	B						
	2	与本序加工质量直接有关的工艺装备精度应符合有关工艺文件规定或达到加工要求	4	A						
	3	重要在用工艺装备有周检卡，模具挂有首件或末件	2	C						
材料或半成品		合计	10							
	1	材质规格符合工艺文件规定	3	B						
	2	半成品加工余量符合工艺文件要求	2	C						
	3	在制品工艺基准无碰伤	3	B						
	4	现场在制品数量未超过限额而影响定置	2	C						
工艺文件		合计	7							
	1	工艺文件齐全，关键工序(控制点)有工序质量表、作业指导书等，有方便的借用制度	4	A						
	2	工艺文件内容完整，图面正确、统一、清晰	3	B						
环境		合计	15							
	1	本序所用工位器具齐全，无损坏丢失	3	B						
	2	本序周围通道畅通，标志清楚	2	C						
	3	本序周围无油、水、垃圾，无过多切屑堆积	2	C						
	4	转序有符合要求的搬运工具	2	C						

（续表）

工艺纪律检验考核					评价			违纪工艺因素原因说明	主要责任	
类别	序号	工艺因素项目	加权分	重要度	扣分系数	评分	结论		单位或人员	确认签字
环境	5	在制品、机床附件、待用工装等实行定置管理，定置率达100%，定置执行率达95%以上	3	B						
	6	均衡生产达到要求，未因它而影响文明生产	3	B						
检验		合计	8							
	1	实行首检，首件有标记按规定摆放	3	B						
	2	检验及时，无待检产品积压而影响定置	2	C						
	3	废品有标记并隔离，本序周围无废品件	3	B						
质量		合计	8							
	1	抽查加工件质量合格或工序能力充足(大批量)	4	A						
	2	废品率、返修率达到或低于计划指标	4	A						

第三节　产品分析试制管理

一、产品分析管理表单

（一）技术变更指示书

技术变更指示书

产品：	图纸编号：	页码：
型号：	变更适用日期：	编号：
变更理由简述：		
变更内容记录：		
备注：		

记录：	审核：	批准：	日期：

(二)技术变更通知书

技术变更通知书

No.

<table>
<tr><td>接收部门</td><td></td><td>发出部门</td><td></td></tr>
<tr><td>适用模具</td><td></td><td colspan="2">适用工序:</td></tr>
<tr><td colspan="4">技术变更原因:</td></tr>
<tr><td colspan="4">技术变更内容:</td></tr>
<tr><td colspan="4">技术变更生效日期(或产品号码):</td></tr>
<tr><td colspan="4">ECN 的有效期限:</td></tr>
<tr><td colspan="4">备注:</td></tr>
<tr><td>记录:</td><td>审核:</td><td>批准:</td><td>日期:</td></tr>
</table>

（三）作业指导书格式

作业指导书格式

<table>
<tr><td>产品：</td><td>工序号：</td><td colspan="3">指导书号：</td></tr>
<tr><td>机型：</td><td>技术编号：</td><td colspan="3">制成日期：</td></tr>
<tr><td colspan="2" rowspan="12">图示指引：</td><td colspan="3">使用材料</td></tr>
<tr><td>名称</td><td>规格</td><td>数量</td></tr>
<tr><td></td><td></td><td></td></tr>
<tr><td></td><td></td><td></td></tr>
<tr><td></td><td></td><td></td></tr>
<tr><td></td><td></td><td></td></tr>
<tr><td colspan="3">使用仪器</td></tr>
<tr><td>名称</td><td>规格</td><td>数量</td></tr>
<tr><td></td><td></td><td></td></tr>
<tr><td></td><td></td><td></td></tr>
<tr><td></td><td></td><td></td></tr>
<tr><td colspan="3">备注：</td></tr>
<tr><td rowspan="3">作业方法：</td><td rowspan="3">注意事项：</td><td colspan="3">控制印章：</td></tr>
<tr><td colspan="3">制定人员：</td></tr>
<tr><td></td><td></td><td></td></tr>
<tr><td colspan="2" rowspan="5">修订记录：
____
____
____
____
____
________________</td><td></td><td></td><td></td></tr>
<tr><td colspan="3">决裁、批准：</td></tr>
<tr><td>生产</td><td>生产
技术</td><td>质检</td></tr>
<tr><td></td><td></td><td></td></tr>
<tr><td colspan="3">生效日期：</td></tr>
</table>

二、产品试制管理表单

（一）产品测试报告

产品测试报告

温度：　　　　　　　　湿度：　　　　　　　　编号：

品名：	批号：	规格：
型号：	批量：	测试员：

序号	不良内容	早班不良数	中班不良数	晚班不良数	合计	备注
不良合计						
检查数量						
不良率						
不良事项说明：						

记录：	检查：	批准：	日期：

(二) 产品性能测试记录表

产品性能测试记录表

序号	项目及内容	要求达到的技术指标	试验方法	试验结果

(三) 零部件测试记录表

零部件测试记录表

序号	图号	名称	检查项目	技术要求	测试方法	实测结果		
						1次	2次	3次

（四）新产品试制报告

新产品试制报告

编号： 序号：

产品名称		型号规格	
投产日期		投产数量	

人员分工：

总负责人		生产设备负责人		材料供应负责人	
技术指导		工序控制负责人			
工艺负责人		质量控制负责人			

工艺路线及可行性评审：

现有过程能力的评估及需增加或调配的资源：

结论：

评审参加人员	单位	职务或职称	评审参加人员	单位	职务或职称

编制： 日期： 审核： 日期： 批准： 日期：

（五）产品试制总结报告

产品试制总结报告

产品名称		试制总量	
试制时间		试制订单号	
试制生产条件总结、工艺总结：			
试制产品质量总结：			
试制成本等总结：			
试制过程不足点及改进建议：			
试制结论：			

编制/日期：＿＿＿＿＿＿＿＿　　　　批准/日期：＿＿＿＿＿＿＿＿

三、产品后期管理文本

（一）测试仪器点检申请表

测试仪器点检申请表

编号：

申请部门		申请日期	
测试人员		测试设备	

仪器设备名称	管理编号	点检内容	标准	点检结果		
				1	2	3

备注：

批准：

（二）外来文件接收记录表

外来文件接收记录表

接收日期	管理编号	文件形式	简要内容	检讨批准	有效日期	备注
特别事项记录：						

记录人：　　　　　　　　　　　　　　　　　　时间：

（三）技术变更适用日期登记表

技术变更适用日期登记表

变更序号	变更原文件及编号	主要变更内容确认	适用LOT	适用日期	确认

记录人：　　　　　　　　　　　　　　　　　　页数：

（四）文件分发记录表

文件分发记录表

编号：

文件名称			文件号		版本号	
接收部门	日期	签收人	旧件处理		备注	

说明：1.文件指规范、制度、图纸等有价文件。

2.如果是改版变更，旧件同时收回处理。

(五)工艺装备使用记录卡

工艺装备使用记录卡

企业名称		卡片编号	
工序号		产品型号	
工艺装备编号		零件名称	
工艺装备名称		零件图号	
使用单位		使用设备	
报废单号		报废日期	

使　用　记　录

借用日期	使用人	加工零件数量	检查记录		检验员	还回日期	备注
			首件				
			末件				
			首件				
			末件				
			首件				
			末件				
			首件				
			末件				
			首件				
			末件				
			首件				
			末件				

“制造业管理工具库”精品书目

第一体系　HOW-TO 企业人手册系列

序号	书目	定价(元)
1	《优秀仓管员手册》（白金版）	20.00
2	《优秀采购员手册》（白金版）	20.00
3	《优秀品管员手册》（白金版）	20.00
4	《优秀员工手册》（白金版）	20.00
5	《优秀班组长手册》（白金版）	20.00
6	《优秀生产主管手册》（白金版）	20.00
7	《优秀跟单员手册》	23.00
8	《优秀报关员手册》	23.00
9	《优秀外贸员手册》	23.00
10	《优秀行政文员手册》	21.80
11	《优秀人事文员手册》	21.80
12	《优秀生产文员手册》	21.80

第二体系　工厂管理简单讲系列

序号	书目	定价(元)
1	《现场管理简单讲》（提升版）	35.00
2	《品质管理简单讲》（提升版）	35.00
3	《物料管理简单讲》（提升版）	35.00
4	《9S管理简单讲》	19.80
5	《安全管理简单讲》	19.80
6	《量规仪器简单讲》	19.80
7	《采购管理简单讲》	19.80
8	《工艺管理简单讲》	19.80
9	《设备管理简单讲》	19.80
10	《目视管理简单讲》	19.80
11	《员工管理简单讲》	19.80
12	《管理方法简单讲》	19.80
13	《过程控制简单讲》	35.00
14	《管理体系简单讲》	36.00
15	《质量工具简单讲》	35.00

第三体系　企业日常管理实操细节系列

序号	书目	定价(元)
1	《现场管理实操细节》	25.00
2	《物料控制实操细节》	23.00
3	《品质控制与改进实操细节》	23.00
4	《外贸与业务跟单实操细节》	23.00
5	《班组管理与作业控制实操细节》	23.00

第四体系　生产管理百问百答系列

序号	书目	定价(元)
1	《生产现场管理百问百答》	18.00
2	《生产监督管理百问百答》	18.00
3	《生产物料控制百问百答》	18.00
4	《生产安全管理百问百答》	18.00
5	《生产品质管理百问百答》	18.00

第五体系　制造业经理人案头手册系列

序号	书目	定价(元)
1	《生产经理案头手册》	48.00
2	《质量经理案头手册》	48.00
3	《技术经理案头手册》	45.00
4	《物控经理案头手册》	49.00

第六体系　制造业规范化管理系列

序号	书目	定价(元)
1	《制造业规范化管理制度》	56.00
2	《制造业规范化管理表单》	55.00
3	《制造业规范化管理流程》	56.00
4	《制造业规范化管理方法》	55.00

第七体系　现场管理图文版系列

序号	书目	定价(元)
1	《浅谈·图解5S运作与管理》	28.00
2	《浅谈·图解生产运作与管理》	28.00
3	《浅谈·图解IE运作与管理》	28.00
4	《浅谈·图解仓储运作与管理》	28.00

第八体系　制造业部门作业指导手册系列

序号	书目	定价(元)
1	《采购部作业指导手册》（附赠光盘）	26.00
2	《仓储部作业指导手册》（附赠光盘）	26.00
3	《培训部作业指导手册》（附赠光盘）	26.00
4	《品质部作业指导手册》（附赠光盘）	26.00
5	《人力资源部作业指导手册》（附赠光盘）	26.00
6	《生产部作业指导手册》（附赠光盘）	26.00
7	《市场部作业指导手册》（附赠光盘）	26.00
8	《物控部作业指导手册》（附赠光盘）	26.00
9	《销售部作业指导手册》（附赠光盘）	26.00
10	《行政部作业指导手册》（附赠光盘）	26.00
11	《研发部作业指导手册》（附赠光盘）	26.00
12	《售后服务部作业指导手册》（附赠光盘）	26.00

第九体系　“工厂问题解决方案”系列

序号	书目	定价(元)
1	《现场改善解决方案》	26.00
2	《TPM 推进解决方案》	26.00
3	《安全生产解决方案》	26.00
4	《不良品消除方案》	26.00
5	《合理仓储解决方案》	26.00
6	《生产成本削减方案》	26.00
7	《生产效率提升解决方案》	26.00
8	《委外加工控制解决方案》	26.00

华睿制造业管理工具库

专家团队

专家	简介	专家	简介
史立宣	南开大学MBA，现任中冷光电总经理兼技术总监。15年以上多家国际知名企业（IBM, Flextronics 等）工程技术、研发和制造管理工作经验，主要职位为工程经理、制造和研发经理、总监等。在LED的研发和制造方面有很深的造诣。于2000年获得六西格玛黑带证书，对推行精益生产和六西格玛也颇有心得	**涂高发**	国家注册咨询师、质量管理师、项目管理师、企业运营管理师、中智管理科学研究所副所长，擅长于各类国际认证标准和产品认证的辅导；精通现场及品质管理技术的辅导和培训。有多年的企业高层管理经验，从事咨询行业近10年，先后辅导已通过各类管理体系的企业300余家，并多次特邀为500强企业和集团公司度身订造各种培训
李锋	QMS/EMS/OHSMS国家注册咨询师，曾辅导过夏新、天时达之供应链（诚誉兴光电、捷创高电子科技等）、得润连接器等知名企业，有近500 家企业管理咨询辅导经验。专长于ISO 9000 / ISO 14000/ OHSMS 18000/ISO 22000/ ISO13485 认证咨询、5S改善活动、目标管理及看板管理、品质管理、流程再造及战略规划	**杨吉华**	国家 OSTA 鉴定企业培训师、美国职业协会 PTT 国际职业培训师、国家注册管理咨询师，有5年的日企品质总监、3年的台资企业生产总监、3年的美资企业上市公司管理体系推行经理的实战经验，数十年潜心研究制造业中基层管理人员的心智模式，对中小企业的管理有独到见解与研究
严凡高	注册认证咨询师/注册 QCC 诊断师/注册 QA 职业经理人，现任中国管理研究院智业产业研究所所长/首席研究员。为华南/华东地区100多家企业提供过优质的咨询服务，咨询范围包括质量管理、管理体系、企业社会责任、人力资源管理等领域。现致力于研究中国智业产业状况，借此推动管理科学传播，促进经济发展	**李家林**	西北大学毕业，CNAT首批国家注册咨询师、中国CCAA三体系认证咨询师。15年的企管辅导生涯，积累了丰富的管理和咨询经验。指导过TS16949 、ISO 9000、ISO 14000、SA 8000、TL 9000 等国际认证项目。擅长全面质量管理、精益生产、六西格玛管理、业务流程重组、整体管理制度建立、HACCP、CMM 等专题
江艳玲	西安电子科技大学毕业，国家注册认证咨询师。曾任ISO 主任、管理者代表、生产经理、品管副总等职务，长期致力于企业管理和公司现场合理化改善之研究及推行工作，在企业ISO 9000的运行、5S 的推行、QCC、QC七大手法、生产管理、目标管理、IE 工程、CIS 企业形象识别系统方面有卓著成果	**王能**	北京大学法学学士，ISO 9000、ISO 14000、OHSAS 18000、QC 080000 注册审核员，中国注册高级职业经理人。现任中国管理研究院智业产业研究所高级研究员、英国标准学会（BSI）审核员。咨询与培训的范围包括质量、环境、职业健康与安全、有害物质管理、企业社会责任、人力资源管理等领域
陈锦红	QMS/EMS/OHSMS国家注册咨询师，曾辅导过万利达、雅兰、大华飞捷、方振、合隆、全星、年富等知名企业。专长于ISO 9000 / ISO 14000 / OHSMS 18000/ ISO 22000/ ISO 13485认证咨询、5S改善活动、TPM活动、采购管理、目标管理、品质管理、精益生产、绩效管理、薪酬管理、流程再造及战略规划	**王敬东**	北京理工大学计算机应用专业，辅修工商管理，有40多家企业成功管理咨询经验，曾辅导过皇冠金属、长园新材、南方网电、安吉尔饮水机、福田农批市场、广东省农科院等知名企业。在人力资源管理方面，对各大模块熟知，能够构建较为完善的人力资源管理体系

专家	简介	专家	简介
姜宏锋	厦门大学 MBA，3T(TQM/TPS/TPM)采购与供应链管理讲师；国际供应链与生产运营协会授证中国区首席导师，中国供应链管理网金牌讲师，全国企管委十佳优秀讲师。具有世界500强企业的供应链管理与生产运营先进理念与实战经验；专注于中国生产型企业的精益生产、全面品质零缺陷管理与先进采购模式的整合与贯穿	刘礼武	在职MBA、国家注册企业经营管理师、商业职业经理人、企业管理咨询师，多年来致力于企业的零缺陷管理及企业经营战略研究，现场管理改善和绩效改进，擅长于通过质量成本控制、业绩改进来提高企业的运营效率，创造利润。曾为众多企业提供过管理改进及运营效益改善方面的咨询辅导
车号爽	太原工业大学毕业，高级工程师，国家注册六西格玛黑带。曾担任军工厂质管处处长，军工科研项目负责人。经典课程有：仪器校正及测量系统分析训练、全面质量管理训练、IE工业工程应用实战训练、目视管理与现场改善实战训练、新旧 QC 七大手法应用训练、质量管理工程师训练	冯俊峰	在职MBA，高级工程师。曾任冶金工业部标准化技术委员会秘书处处长。经典课程有：ISO 9001/ISO 14001 内审员资格训练、危险化学品管理资格训练、企业管理人员对戴明P-D-C-A的应用训练、企业管理过程中常见的干部不良行为训练、如何对部下进行绩效评估训练。拥有 120 多家企业辅导经验，1000 多场培训实战经验
李文发	合肥工业大学毕业，高级工程师。曾担任安丰汽车总经办主任、工厂 PMC 经理、人力资源经理（光华橡胶）等职位。经典课程有：PMC——生产计划与物料管理务实训练、高效仓库与物料管理务实训练、采购谈判与议价训练、优秀采购与供应链管理训练、供应商管理与绩效考核训练，拥有1000 多场培训实战经验	贺鹏举	美国 AITA 认证 PTT 国际职业培训师、高级讲师。曾任生产经理、外企总经理特助、人力资源经理、生产厂长等多种职务。在企业组织、生产现场管控、人力资源管理、战略方面积累了丰富的实践经验。经典课程有：拒绝任何借口、基层管理干部（杰出班组长）特训班、时间管理、TWI 督导人员技能训练营等
殷建斌	湖南大学毕业，在职MBA。曾担任德尔福汽车配件技术部副经理、德昌电机集团高级培训师、伟创力集团特邀五大工具讲师、松下集团特邀TS16949 培训讲师。经典课程有：六西格玛绿带训练、TIE 全员生产效率改善、实验设计 DOE、改善生产的利器—— 5S 与 TPM 务实训练、质量功能展开 —— QFD 等	赵文彪	国家OSTA 鉴定企业培训师、美国职业协会 PTT 国际职业培训师、ISO 9000 注册审核员/ISO 14000 注册审核员。曾任港资、台资企业品管经理、总经理助理，对客户验厂有独到见解，咨询领域有：COC 验厂、ICTI 认证、ISO 9001 认证、C-TPAT认证、ISO 14001 认证、TS 16949 认证、ROHS 认证、C-TPAT 认证、ETI 认证等

友情提示：

如您在阅读本书的过程中遇到疑问，或在企业管理过程中遇到难题，请 e-mail 至 qiyewenti110@126.com 和 qiyewenti110@163.com，由我们的专家帮您排忧解难。或直接联系项目总策划李惠玉，联系方式：020-38306446、13802921190，lihuiyu63@163.com.